Por Que Ser Feliz
Quando Se Pode Ser Normal?

Jeanette Winterson

Por Que Ser Feliz Quando Se Pode Ser Normal?

Tradução de
JOSÉ GRADEL

1ª edição

EDITORA RECORD
RIO DE JANEIRO • SÃO PAULO
2014

CIP-BRASIL. CATALOGAÇÃO NA PUBLICAÇÃO
SINDICATO NACIONAL DOS EDITORES DE LIVROS, RJ

W746p
Winterson, Jeanette, 1959-
Por que ser feliz quando se pode ser normal? / Jeanette Winterson; tradução José Gradel. – 1. ed. – Rio de Janeiro: Record, 2014.

Tradução de: Why be happy when you could be normal?
ISBN 978-85-01-40029-1

1. Relações humanas 2. Comunicação interpessoal. 3. Memórias I. Título.

13-02408
CDD: 158.2
CDU: 316.47

Título original em inglês:
WHY BE HAPPY WHEN YOU COULD BE NORMAL?

Copyright © Jeanette Winterson, 2011

Todos os direitos reservados. Proibida a reprodução, armazenamento ou transmissão de partes deste livro através de quaisquer meios, sem prévia autorização por escrito. Proibida a venda desta edição em Portugal e resto da Europa.

Texto revisado segundo o novo Acordo Ortográfico da Língua Portuguesa.

Direitos exclusivos de publicação em língua portuguesa para o Brasil adquiridos pela
EDITORA RECORD LTDA.
Rua Argentina 171 – 20921-380 – Rio de Janeiro, RJ – Tel.: 2585-2000, que se reserva a propriedade literária desta tradução.

Impresso no Brasil

ISBN 978-85-01-40029-1

Seja um leitor preferencial Record.
Cadastre-se e receba informações sobre nossos lançamentos e nossas promoções.

EDITORA AFILIADA

Atendimento direto ao leitor:
mdireto@record.com.br ou (21) 2585-2002

Às minhas três mães:
Constance Winterson
Ruth Rendell
Ann S.

Com amor e gratidão a Susie Orbach.

Agradeço também a Paul Shearer, que fez minha árvore genealógica. À linha telefônica de apoio de Beeban Kidron, sempre livre! A Vicky Licorish e os meninos: minha família. A todos os meus amigos que sempre estiveram ao meu lado. A Caroline Michel — agente fantástica e amiga fabulosa. E a todos da Cape and Vintage que acreditaram neste livro — particularmente Rachel Cugnoni e Dan Franklin.

SUMÁRIO

1	O berço errado	11
2	Meu conselho para qualquer pessoa é: nasça!	24
3	No princípio era o Verbo	38
4	O problema com os livros...	45
5	Em casa	57
6	Igreja	80
7	Accrington	101
8	O Apocalipse	117
9	Literatura Inglesa de A a Z	132
10	Essa é a estrada	150
11	Arte e mentiras	162
	Intervalo	173
12	A viagem marítima noturna	175
13	Esse encontro acontece no passado	200
14	Estranho encontro	231
15	A ferida	245
	Coda	251

1

O berço errado

QUANDO MINHA MÃE ficava zangada comigo, o que acontecia com frequência, ela dizia: "O Demônio nos levou para o berço errado."

A imagem de Satã tirando férias da Guerra Fria e do macarthismo em 1960 para visitar Manchester — objetivo da visita: enganar Mrs. Winterson — era de uma teatralidade extravagante. Aliás, minha mãe era uma deprimida extravagante: guardava um revólver na gaveta de limpeza e as balas em uma lata de cera. Ficava acordada a noite inteira assando bolos, só para não ter de dividir a cama com meu pai. Sofria de prolapso, problema de tireoide, coração dilatado, tinha uma úlcera na perna que não sarava nunca e duas dentaduras — uma para o dia a dia, e outra, perolada, "para ocasiões especiais".

Não sei por que ela não teve ou não pôde ter filhos. Sei que me adotou porque queria uma amiga (não tinha nenhuma) e porque eu era como uma luz enviada ao mundo — um modo de dizer que ela estava ali —, uma espécie de X marcando o lugar.

Ela odiava não ter sido ninguém e, como todas as crianças, adotadas ou não, tive de viver parte da vida que ela não viveu. Fazemos isso por nossos pais — não temos escolha.

Ela ainda estava viva quando meu primeiro romance foi publicado, em 1985. Semiautobiográfico, *Oranges Are Not the Only Fruit* [Laranjas não são as únicas frutas] conta a história de uma menina adotada por um casal de evangélicos. Esperava-se que ela crescesse e se tornasse missionária. Em vez disso, ela se apaixona por uma mulher. Desastre total! A menina sai de casa, é admitida na Universidade de Oxford, e quando retorna descobre que a mãe construiu uma estação de rádio e está irradiando a Palavra de Jesus para os pagãos. A mãe tem um pseudônimo — é chamada de "Luz Gentil".

O romance começa assim: "Como a maior parte das pessoas, vivi por muito tempo com minha mãe e meu pai. Meu pai gostava de assistir a luta livre, minha mãe gostava de lutar."

Durante boa parte da minha vida lutei apenas com os punhos. Vence quem bate com mais força. Fui agredida quando criança e logo aprendi a não chorar. Quando me trancavam do lado de fora de casa durante a noite toda, eu ficava sentada na soleira da porta até o leiteiro chegar, bebia os dois litros de leite que ele entregava, deixava as garrafas vazias para irritar minha mãe e ia a pé para a escola.

Sempre andávamos a pé. Não tínhamos carro nem dinheiro para ônibus. A minha média era oito quilômetros por dia: seis quilômetros de ida e volta da escola e outros dois quilômetros para ir e voltar da igreja.

A igreja era todo dia, menos às quintas-feiras.

Escrevi sobre algumas dessas coisas em *Oranges Are Not the Only Fruit* e, quando o livro foi publicado, minha mãe me mandou um bilhete furioso em sua caligrafia imaculada, exigindo um telefonema.

Fazia vários anos que não nos encontrávamos. Eu deixara Oxford, estava juntando os pedaços da minha vida e tinha escrito o livro ainda bem jovem — eu tinha 25 anos quando foi publicado.

Fui até uma cabine telefônica — eu não tinha telefone. Ela foi até uma cabine telefônica — ela não tinha telefone.

Disquei o código de Accrington e o número, tal como havia sido instruída, e lá estava ela — quem precisa de Skype? Eu podia vê-la através da voz: sua forma ia se materializando na minha frente conforme ela falava.

Era uma mulher grande e alta e pesava cerca de 140 quilos. Meias antivarizes, sandálias sem salto, vestido de tecido sintético e lenço de nylon na cabeça. Passara pó de arroz no rosto (cuide da aparência), mas não batom (de forma rápida e desleixada).

Ela enchia a cabine telefônica. Era fora de escala, maior que a vida. Como num conto de fadas, onde os tamanhos são aproximados e variáveis. Avultava-se, expandia-se. Só mais tarde, muito mais tarde, tarde demais, compreendi quão pequena era para si mesma. O bebê que ninguém pegou no colo. A criança que ninguém carregou nos braços ainda dentro dela.

Mas naquele dia ela subiu nos tamancos de seu próprio ultraje. Disse: "Foi a primeira vez na vida que fui obrigada a encomendar um livro sob um nome falso."

Tentei explicar o que eu tinha pretendido fazer. Sou uma escritora ambiciosa — não vejo motivo para ser nada, nada mesmo, se não houver ambição. O ano de 1985 não era propriamente o momento da autobiografia — e, por sinal, eu não estava escrevendo uma autobiografia. Tentava afastar-me da ideia de que as mulheres escrevem sempre sobre sua própria "experiência" — o território que dominam —, enquanto os homens escrevem com ousadia sobre temas amplos — a grande tela, a experimentação com a forma. Henry James não foi feliz quando disse que Jane Austen escrevia sobre quatro polegadas de marfim — ou seja, sobre pequenas minúcias da vida. O mesmo foi dito sobre Emily Dickinson e Virginia Woolf. Tais comentários me deixavam com raiva. Afinal, por que não poderia haver experiência *e* experimentação? Por que não o observado *e* o imaginado? Por que uma mulher tinha de ficar limitada por alguma coisa ou por alguém? Por que uma mulher não podia ter ambições em matéria de literatura? Ambições próprias?

Mrs. Winterson não comprava esse discurso. Sabia muito bem que escritores eram boêmios ninfomaníacos, que violavam as regras e que não saíam para trabalhar. Livros eram proibidos na nossa casa — mais tarde explicarei a razão —, então, o fato de eu ter escrito um livro, de tê-lo publicado, ganhado um prêmio... e estar em uma cabine telefônica dando-lhe uma aula sobre literatura, polemizando sobre feminismo...

Cling, cling — mais moedas na ranhura do telefone — e fico pensando, enquanto a voz dela vem e vai como o mar: "Por que não está orgulhosa de mim?"

Cling, cling — mais moedas na ranhura — e me vejo trancada do lado de fora, sentada na soleira da porta outra vez. Faz muito frio, estou sentada sobre uma folha de jornal, encolhida em meu casaco impermeável.

Aparece uma mulher que conheço. Ela me dá um saco de batatas fritas. Ela sabe como minha mãe é.

Dentro de casa, a luz está acesa. Papai foi trabalhar no turno da noite, ela pode ir para a cama, mas não vai dormir. Vai ler a Bíblia a noite inteira. E, quando papai chegar em casa, vai me deixar entrar sem dizer nada, e ela não dirá nada, e agiremos todos como se fosse normal deixar a filha do lado de fora a noite toda, como se fosse normal nunca dormir com o marido. Como se fosse normal ter duas dentaduras e um revólver na gaveta de produtos de limpeza...

Ainda estamos no telefone, cada qual em sua cabine. Ela diz que meu sucesso é coisa do Demônio, protetor do berço errado. Ela me critica pelo fato de ter usado meu próprio nome no romance — se é ficção, por que a personagem principal se chama Jeanette?

Por quê?

Não consigo me lembrar de qualquer época em que eu não estivesse contrapondo minha história à dela. Questão de sobrevivência, desde o início. Crianças adotadas inventam sua própria história, porque precisam ser assim; há uma ausência, um vazio, um ponto de interrogação já no comecinho da vida. Uma parte importante de nossa história desapareceu violentamente, como uma bomba no útero.

O bebê explode em um mundo desconhecido, que só se torna inteligível por meio de algum tipo de história — claro, todos vivemos assim, é a narrativa de nossa vida, mas a adoção coloca você na história depois que ela já começou. É como ler um livro ao qual faltem as primeiras páginas. É como chegar ao teatro depois que as cortinas já subiram. A sensação de que alguma coisa está faltando jamais nos abandona — e não pode, nem deve, ser de outro modo, porque alguma coisa está mesmo faltando.

Isso não é algo necessariamente negativo. A parte faltante, o passado que falta, pode ser uma abertura em vez de um vazio. Pode ser uma entrada, tanto quanto uma saída. É o registro fóssil, a impressão de outra vida, e, embora essa vida lhe escape, seus dedos traçam o espaço onde ela poderia ter estado. Seus dedos aprendem uma espécie de braille.

Ficam marcas, salientes como cicatrizes. Leia-as. Leia a ferida. Reescreva as marcas. Reescreva a ferida.

É por isso que sou escritora — não digo "decidi" ser escritora nem "tornei-me" escritora. Não foi um ato de vontade nem mesmo uma escolha consciente. Para escapar da malha fina da história da Mrs. Winterson, tive de ser capaz de contar minha própria história. Parte fato, parte ficção: como é a vida. E é sempre um artigo de capa. Eu escrevi minha saída.

Ela contestou: "Mas não é verdade..."

Verdade? Essa era a mulher que dizia que o barulho dos camundongos na cozinha era um ectoplasma.

Havia uma casa com terraço em Accrington, no Lancashire — aquelas casas eram chamadas de "dois em cima, dois embaixo": dois quartos no andar de baixo, dois no andar de cima. Nós três vivemos juntos naquela casa durante dezesseis anos. Contei minha versão: fiel e inventada, precisa e desvirtuada, embaralhada no tempo. Falei de mim como heroína, como em qualquer história de naufrágio. Foi um naufrágio, fui lançada na linha costeira da humanidade e descobri que esse litoral não era totalmente humano e raras vezes gentil.

E acho que o mais triste para mim, quando penso na versão atenuada que é *Oranges*, é que escrevi uma história com a qual eu podia conviver. A outra era dolorosa demais. Eu não poderia sobreviver a ela.

Com frequência me perguntam, como se me pedissem para assinalar com um X o quadrado correspondente, o que é "verdadeiro" e o que é "falso" em *Oranges*. Trabalhei mesmo em uma funerária? Dirigi um caminhão de sorvete? Tínhamos uma tenda evangélica? Mrs. Winterson construiu sua própria rádio comunitária? Ela realmente espantava gatos com uma catapulta?

Não posso responder a essas perguntas. Posso dizer que há uma personagem em *Oranges* chamada Elsie, a Testemunha, que cuida da pequena Jeanette, funcionando como uma parede acolchoada contra a força agressiva da Mãe.

Inseri essa personagem na história porque não aguentei deixá-la de fora. Eu a inventei porque realmente desejava que tivesse sido do jeito que escrevi. Quando se é uma criança solitária, encontra-se um amigo imaginário.

Elsie não é real. Não houve ninguém parecido com Elsie. A vida era mais solitária que isso.

Passei boa parte dos recreios dos meus anos de escola sentada do lado de fora dos portões. Não fui uma criança popular ou amigável; era intransigente demais, zangada demais, intensa demais, estranha demais. Frequentar a igreja não ajudava a fazer amigos na escola, e certas situações escolares acabavam colocando os desajustados em evidência. Ter a frase "O VERÃO TERMINOU E AINDA NÃO NOS SALVAMOS" bordada na minha mochila de ginástica me tornou alvo fácil.

E, mesmo quando eu fazia amizades, dava um jeito para que não desse certo...

Se alguma menina gostasse de mim, eu esperava até que ela tivesse baixado a guarda e então dizia que não a queria mais como amiga. Aí ficava observando sua confusão, sua tristeza. As lágrimas. Depois fugia, triunfantemente no controle, mas logo o triunfo e o controle se dissipavam, e depois eu chorava incessantemente, porque tinha me colocado outra vez do lado de fora, outra vez na soleira da porta, onde eu não queria estar.

Ser adotada é estar do lado de fora. Você representa o sentimento de não pertencer. E tenta fazer com os outros o que fizeram com você. É impossível acreditar que alguém ame você pelo que você é.

Nunca acreditei que meus pais me amassem. Tentei amá-los, mas não deu certo. Custou-me muito tempo aprender a amar — tanto dar como receber amor. Tenho escrito sobre o amor de forma obsessiva, argumentativa, e reconheço/reconheci o amor como o valor mais elevado.

Eu amei Deus, é claro, quando criança, e Deus me amou. Aquilo foi importante. E amei os animais e a natureza. E a poesia. O problema eram as pessoas. Como é que se ama outra pessoa? Como é possível confiar em que outra pessoa o ame?

Eu não tinha a menor ideia.

Eu pensava que o amor era perda.

Por que a medida do amor é a perda?

Essa é a frase inicial de um dos meus romances — *Written on the Body* [Escrito no corpo] (1992). Eu estava buscando o amor, aprisionando o amor, perdendo o amor, suspirando por amor...

A verdade é uma coisa complexa para qualquer pessoa. Para uma escritora, o que se omite diz tanto quanto o que se escreve. O que fica nas entrelinhas? O fotógrafo enquadra o instantâneo; os escritores enquadram seu mundo.

Mrs. Winterson fez objeções quanto ao que eu tinha posto no livro, mas a mim pareceu que o que eu deixara de fora era o seu tácito correlato. Há muitas coisas que não podemos dizer porque são dolorosas demais. Esperamos que aquilo que fomos capazes de dizer suavize o resto, ou o apazigue de alguma forma. As histórias são compensadoras. O mundo é impiedoso, injusto, incognoscível e nos escapa.

Quando contamos uma história, exercemos o controle, mas de modo a deixar uma lacuna, uma abertura. É uma versão, mas nunca a versão final. Talvez esperemos que os silêncios sejam ouvidos por mais alguém, e a história possa continuar, possa ser recontada.

Quando escrevemos, oferecemos o silêncio tanto quanto a história. As palavras são a parte do silêncio que pode ser enunciada.

Mrs. Winterson teria preferido que eu tivesse ficado em silêncio.

Lembram a história de Filomena, que foi estuprada e depois teve a língua arrancada pelo estuprador para que nunca contasse o que aconteceu?

Acredito na ficção e no poder das narrativas porque dessa maneira falamos línguas. Não somos silenciados. Todos nós, quando em trauma profundo, hesitamos, gaguejamos; há longas pausas em nossa fala. A história fica presa. Recuperamos nossa linguagem graças à linguagem dos outros. Podemos recorrer à poesia. Podemos abrir o livro. Alguém esteve lá por nós e mergulhou as palavras nas profundezas.

Eu precisava de palavras porque as famílias infelizes são conspirações de silêncio. Quem rompe o silêncio nunca é perdoado. É preciso aprender a perdoar a si mesmo.

Deus é perdão — ou assim reza certa lenda, mas em nossa casa Deus era o Antigo Testamento, e não havia perdão sem uma dose grande de sacrifício. Mrs. Winterson era infeliz e tínhamos de compartilhar de sua infelicidade. Ela estava esperando o Apocalipse.

Seu hino favorito era "God Has Blotted Them Out" ["Deus os Eliminou"], que na verdade dizia respeito aos pecados, mas minha mãe destinara a qualquer um que algum dia a houvesse irritado, ou seja, a todo mundo. Ela não gostava de ninguém e não gostava da vida. A vida era uma carga a ser levada até o túmulo e ali despejada. A vida era um vale de lágrimas. A vida era uma experiência prévia da morte.

Todos os dias Mrs. Winterson pedia a Deus: "Oh Senhor, deixai-me morrer." Aquilo era duro para mim e para o meu pai.

A mãe dela era uma mulher da alta sociedade que se casara com um canalha sedutor, dera-lhe todo o seu dinheiro e assistira enquanto ele gastava cada centavo com mulheres. Durante algum tempo, dos meus 3 anos de idade até os 5, mais ou menos, tivemos de morar na casa do meu avô, para que Mrs. Winterson cuidasse da mãe, que estava morrendo de câncer de garganta.

Embora Mrs. Winterson fosse profundamente religiosa, acreditava em espíritos e ficou muito zangada porque a namorada do vovô, além de ser uma garçonete envelhecida de cabelo louro oxigenado, era médium e organizava sessões espíritas na nossa sala.

Depois das tais sessões, minha mãe se queixava de que a casa ficava tomada de homens com uniformes da guerra. Certa vez, quando fui à cozinha pegar um sanduíche de carne, disseram-me para não comer nada até que os Mortos tivessem ido embora, o que podia levar várias horas. É difícil esperar quando você tem 4 anos de idade.

Fui vagar pela rua, pedindo comida. Mrs. Winterson foi atrás de mim e aquela foi a primeira vez que ouvi a história macabra do Demônio e do berço...

No berço ao lado do meu no orfanato, havia um garotinho chamado Paul. Ele era meu irmão imaginário, porque sempre invocavam seu ser santificado quando eu fazia alguma travessura. Paul nunca teria jogado a boneca nova no lago (para começar, nunca chegamos a discutir a eventualidade surreal de que Paul viesse a ganhar uma boneca). Paul nunca teria enchido o bolso do pijama de cachorrinho com tomates para encenar uma operação de estômago com esguichos de "sangue". Paul nunca teria escondido a máscara de gás do vovô (por alguma razão vovô ainda tinha sua máscara de gás do tempo da guerra, que eu simplesmente amava). Paul nunca teria ido a uma agradável festa de aniversário, para a qual por sinal não fora convidado, usando a máscara de gás do vovô.

Se tivessem adotado Paul em vez de mim, teria sido diferente, teria sido bem melhor. Esperavam que eu fosse uma companheira... como Mrs. Winterson havia sido para a mãe.

E então a mãe da Mrs. Winterson morreu, e ela se fechou em sua dor. Eu me fechei na dispensa, porque tinha aprendido a usar o pequeno abridor de latas de carne em conserva.

Tenho uma lembrança — verdadeira ou falsa?

A lembrança está cercada de rosas, o que é estranho porque é uma lembrança violenta e perturbadora, mas meu avô era um jardineiro entusiasta e gostava particularmente de rosas. Eu gostava de observá-lo, as mangas arregaçadas, o colete de tricô, borrifando água de uma lata de cobre polido com válvula de pressão nos botões de rosa. Ele gostava de mim, de uma maneira estranha, e não gostava da minha mãe. Mrs. Winterson, por sua vez, o odiava — não de modo enfurecido, mas com um ressentimento submisso e tóxico.

Estou usando minha roupa preferida — um traje de caubói e um chapéu adornado. Meu corpo pequeno se equilibra entre o peso de dois revólveres Colt de espoleta.

Uma mulher aparece no jardim, e vovô me diz para entrar em casa e chamar minha mãe, que, como de costume, estava fazendo uma pilha de sanduíches.

Corro para dentro — Mrs. Winterson tira o avental e vai atender a porta.

Fico espiando do corredor. Ouço uma discussão entre as duas mulheres, uma terrível discussão que não posso entender, mas sinto que há algo violento e assustador, como um animal com medo. Mrs. Winterson bate a porta com estrondo e fica apoiada nela por um segundo. Rastejo para fora do meu esconderijo. Ela se vira. Ali estou eu com minha roupa de caubói.

"Aquela era minha mamãe?"

Com um golpe, Mrs. Winterson me joga no chão. Depois sobe as escadas correndo.

Vou para o jardim. Vovô está borrifando água nas rosas. Ele me ignora. Não há mais ninguém por ali.

2

Meu conselho para qualquer pessoa é: nasça!

NASCI EM MANCHESTER, em 1959. Um bom lugar para nascer.

Manchester fica ao sul do Norte da Inglaterra. O espírito da cidade encerra contradições — é sul e é norte ao mesmo tempo, incivilizado e provinciano, conectado e mundano.

Manchester foi a primeira cidade industrial do mundo, seus teares e fábricas transformaram a própria cidade e os destinos da Grã-Bretanha. Manchester tinha canais, fácil acesso ao grande porto de Liverpool e estradas de ferro que levavam e traziam intelectuais e produtores de Londres. Sua influência afetou o mundo inteiro.

Manchester era uma grande mistura. Era radical — Marx e Engels estiveram lá. Era repressora — o Massacre de Peterloo e a Lei dos Cereais. Manchester espalhou riquezas para além dos mais ousados sonhos, e costurou o desespero e a degradação no tecido humano. Era utilitária, no sentido de que tudo passava pelo teste de "Serve?" Era utópica — seu quakerismo, seu feminismo, seu abolicionismo, seu socialismo, seu comunismo.

A mistura manchesteriana de alquimia e geografia não pode ser separada. O que é, onde está... Muito antes de os romanos construírem um forte em Manchester, no ano 79 d.C., os celtas adoravam a deusa do rio Medlock.

Assim era Mam-ceaster — e Mam é mãe, é peito, força de vida... energia.

Ao sul de Manchester está a planície de Cheshire. Os assentamentos humanos de Cheshire estão entre os mais antigos das Ilhas Britânicas. Havia aldeias aqui, e rotas estranhas, embora diretas, para o que se tornou Liverpool, à beira do vasto e profundo rio Mersey.

Para o norte e para o leste de Manchester estão os Montes Peninos — a selvagem, íngreme e baixa cadeia de montanhas que avança para o Norte da Inglaterra, onde os antigos assentamentos eram poucos e dispersos, onde homens e mulheres viviam vidas solitárias, muitas vezes como fugitivos. A suave planície do Cheshire, povoada e civilizada, e os íngremes Montes Peninos do Lancashire, recobertos de vegetação rasteira; um lugar para meditar, um lugar para onde fugir.

Até as fronteiras mudarem, Manchester ficava parte no Lancashire e parte no Cheshire — isso fez dela uma cidade duplamente enraizada em energia incansável e em contradições.

O *boom* têxtil do começo do século XIX sugou todas as aldeias vizinhas e todos os assentamentos-satélite para transformar Manchester em uma imensa máquina de fazer dinheiro. Até a Primeira Guerra Mundial, 65% de todo o algodão do mundo era processado em Manchester, que ganhou o apelido de *Cottonopolis* [Algodonópolis].

Imaginem as enormes fábricas movidas a vapor e iluminadas a gás e os cortiços amontoados entre elas. A sujeira, a fumaça, o cheiro de tinta e amônia, enxofre e carvão. O dinheiro, a incessante atividade dia e noite, o ruído ensurdecedor dos teares, dos trens, dos bondes, das carroças nas ruas de paralelepípedo, da vida humana concentrada e inquieta, um inferno como o Niebelheim wagneriano e uma obra triunfal de trabalho e determinação.

Quem quer que visitasse Manchester ficava ao mesmo tempo admirado e horrorizado. Charles Dickens a usou como cenário para seu romance *Hard Times* [Tempos difíceis]; o melhor dos tempos e o pior dos tempos encontravam-se lá — tudo o que as máquinas podiam realizar e o terrível custo humano.

Maltrapilhos, exaustos, bêbados e doentes, homens e mulheres cumpriam turnos de doze horas seis dias por semana. Perdiam a audição, entupiam os pulmões, eram privados da luz do dia, levavam os filhos pequenos para se arrastarem por debaixo do barulho aterrorizante dos teares mecânicos, recolhendo felpas, varrendo o chão, perdendo mãos, braços, pernas, cortados pelas máquinas. Crianças pequenas, fracas, sem educação e muitas vezes indesejadas, mulheres que trabalhavam tanto quanto os homens e que ainda aguentavam a carga do trabalho doméstico.

> Uma horda de mulheres e crianças esfarrapadas, tão sujas quanto os porcos que cresciam entre charcos e montanhas de lixo, nem ralos nem pavimento, poças por toda parte. E a fumaça escura de uma dúzia de chaminés de fábrica... sujeira e mau cheiro sem medida.
>
> Engels, *A situação da classe trabalhadora na Inglaterra* (1844)

A dureza da vida em Manchester, onde nada podia ser escondido ou mantido fora da vista de todos, onde os sucessos e os horrores daquela nova realidade incontrolável estavam por toda parte, conduziu a cidade a um radicalismo que a longo prazo se tornou mais importante do que o próprio negócio de algodão.

Manchester era *ativa*. A família Pankhurst cansara-se de conversa demais e voto de menos e, em 1903, foi militar com o Women's Social and Political Union [Sindicato Social e Político das Mulheres].

A primeira Conferência do Sindicato do Comércio foi realizada em Manchester em 1868 e seu propósito era mudança, não apenas falar sobre mudança.

Vinte anos antes, em 1848, Karl Marx havia publicado o *Manifesto Comunista* — grande parte dele escrito no período em que esteve em Manchester com seu amigo Friedrich Engels. Os dois foram teóricos tornados ativistas pelo tempo que passaram em uma cidade que não tinha tempo para pensar, onde tudo se resumia ao frenesi do agir — e Marx queria transformar aquela energia incontinente e demoníaca da ação em algo positivo...

O período que Engels viveu em Manchester, trabalhando para a firma do pai, abriu-lhe os olhos para a brutal realidade da vida da classe trabalhadora. Ainda vale a pena ler *A situação da classe trabalhadora na Inglaterra* — uma análise assustadora e inquietante dos efeitos da Revolução Industrial sobre o povo — o que acontece quando as pessoas "encaram as outras como meros objetos de uso".

Quando você nasce, o ambiente em que é inserido, o lugar e a história desse lugar, como essa história se liga à sua própria história, tudo isso constrói quem você é, o que quer que tenham a dizer os mestres da globalização. Minha mãe biológica trabalhou como operadora de máquina em uma fábrica. Meu pai adotivo trabalhava na construção de estradas; no turno da noite, como foguista numa usina de força. Eram dez horas seguidas, mais horas extras quando podia, pedalando quinze quilômetros seguidos para economizar a passagem de ônibus e mesmo assim nunca teve dinheiro suficiente para comer carne mais que duas vezes por semana, ou para férias mais exóticas do que uma semana por ano no litoral.

Ele não vivia nem melhor nem pior do que os nossos conhecidos. Nós éramos a classe trabalhadora. Éramos a massa nos portões da fábrica.

Eu não queria fazer parte da densa massa da classe trabalhadora. Eu queria trabalhar, mas não como ele. Eu não queria desaparecer. Não queria viver e morrer no mesmo lugar com apenas uma semana à beira-mar nesse intervalo. Eu sonhava em fugir. O que é terrível no processo de industrialização é que ele torna a fuga necessária. Em um sistema que gera massas, o individualismo é a única saída. Mas então o que acontece com a comunidade, com a sociedade?

Como disse a primeira-ministra Margaret Thatcher, no espírito de seu amigo Ronald Reagan, celebrando a década do "Eu" dos anos 1980: "Não existe essa coisa chamada sociedade..."

Mas eu não me preocupava com nada disso enquanto crescia — e tampouco entendia.

Eu só queria sair dali.

Minha mãe biológica, disseram-me, era uma ruivinha saída dos teares do Lancashire que, aos 17 anos, me deu à luz, simples assim.

Ela vinha da aldeia de Blakely, onde a rainha Vitória mandara fazer seu vestido de casamento, embora, na época em que minha mãe nasceu e em que eu nasci, Blakely já não fosse mais uma aldeia. O campo forçado a ir para a cidade: eis a história da industrialização, que traz com ela desesperança e excitação, brutalidade e poesia — e todas essas coisas estão em mim.

Quando nasci, os teares já haviam desaparecido, mas não os compridos e baixos terraços das casas, algumas de pedras, outras de tijolos, sob telhados inclinados, feitos de telhas de ardósia. Com telhas de ardósia, a inclinação pode ser de até 33 graus. Com telhas de pedra, são necessários 45 graus ou até mesmo 54 graus. A aparência de um lugar tinha tudo a ver com os materiais à mão. Tetos de telhas de pedra fazem a água da chuva escorrer mais devagar por causa das irregularidades e entalhes da pedra. A ardósia é mais plana, e a água corre mais rapidamente. E, se os tetos de ardósia forem inclinados demais, as cascatas de água caem diretamente nas valas das ruas. O fluxo é diminuído pelo ângulo.

Aquele típico aspecto plano, cinza e feio dos tetos do Norte industrial é, sem dúvida, muito eficiente, tal como a indústria para a qual aquelas casas foram construídas, como moradia dos operários. Você segue em frente, trabalha duro, não perde tempo com beleza nem sonho. Não se constrói pela aparência. Pisos de lajota sem acabamento, quartos pequenos sem conforto, tristes pátios nos fundos.

Se você subir no telhado da casa, tudo o que verá serão as chaminés compartilhadas queimando carvão no nevoeiro que em alguns lugares esconde o céu.

Mas...

Os Montes Peninos do Lancashire são o lugar de sonho. Baixos, robustos, maciços, duros, o cimo das colinas sempre visível, como um vigia empedernido que ama algo que não pode defender, mas que permanece ali assim mesmo, debruçado sobre a feiura que os seres humanos produzem. Está amedrontado e desgostoso, mas permanece.

Se você tomar a estrada M62, de Manchester em direção à Accrington, onde fui criada, verá os Montes Peninos, chocantes de tão repentinos e silenciosos. É uma paisagem de poucas palavras, taciturna, relutante. Não é uma beleza fácil.

Mas é bela.

Em algum momento, entre 6 semanas e 6 meses de idade, fui levada de Manchester para Accrington. Tudo terminou para mim e para a mulher que havia me gerado.

Ela tinha ido embora. Eu tinha ido embora.

Fui adotada.

21 de janeiro de 1960 foi a data em que John William Winterson, operário, e Constance Winterson, dona de casa, pegaram o bebê que pensavam que queriam e levaram para casa, no número 200 da Water Street, Accrington, Lancashire.

Haviam comprado a casa por 200 libras em 1947.

O ano de 1947 teve o inverno britânico mais frio do século XX, neve tão alta que chegava ao topo do piano de armário, enquanto o empurravam pela porta da frente.

Em 1947, a guerra havia terminado, meu pai estava fora do exército, dando o melhor de si, tentando ganhar a vida, quando sua mulher joga a aliança na sarjeta, negando-se a ter relações sexuais com ele.

Não sei, nem nunca saberei, se ela não podia ter filhos ou se simplesmente não queria passar pelas situações necessárias para isso.

Sei que ambos bebiam e fumavam antes de encontrar Jesus. E não acho que minha mãe estivesse deprimida naqueles dias. Depois da cruzada missionária em tendas, quando se tornaram cristãos evangélicos pentecostais, ambos deixaram a bebida — exceto pelo licor de cereja na comemoração do ano-novo —, e meu pai trocou seus cigarros Woodbines por balas de menta Polo. Minha mãe continuou a fumar porque, segundo ela, isso mantinha seu peso mais baixo. No entanto, o vício precisava ficar em segredo, e ela trazia sempre um aromatizante de ambiente na bolsa, que afirmava ser um repelente de moscas.

E parecia que ninguém achava estranho carregar um spray contra insetos na bolsa.

Ela estava convencida de que Deus lhe encontraria uma criança, e suponho que, se Deus estava encarregado do bebê, fazer sexo podia ser riscado da lista. Não sei como papai se sentia em relação àquilo. Mrs. Winterson sempre disse: "Ele não é como os outros homens..."

Toda sexta-feira ele entregava a ela o envelope com o pagamento da semana e ela lhe devolvia moedas em número suficiente para comprar três pacotes de balas de menta Polo.

Ela dizia: "É o único prazer que ele tem..."

Pobre papai.

Quando se casou outra vez, aos 72 anos, a segunda mulher, Lilian, que era dez anos mais nova e levara uma vida airada, me contou que era como dormir com um garanhão.

Até os 2 anos de idade, eu gritava, o que era uma evidência de que eu estava possuída pelo demônio. A psicologia infantil não havia chegado até Accrington, e apesar da importante pesquisa de Winnicott, Bowlby e Balint sobre a ligação mãe-filho, e apesar do trauma da separação precoce do objeto amado que é a mãe, um bebê que gritava não era um bebê com o coração partido — era um bebê do demônio.

Aquilo me deu um estranho poder, além de total vulnerabilidade. Penso que meus novos pais tinham medo de mim.

Os bebês são assustadores — tiranos cujo único reino é o próprio corpo. Minha nova mãe tinha muitos problemas com corpos — o seu próprio, o de meu pai, os corpos deles juntos e o meu. Ela havia abafado seu próprio corpo com carne e roupas, havia suprimido os apetites daquele corpo com uma terrível mistura de nicotina e Jesus, dosada com laxantes que a faziam vomitar. Havia submetido seu corpo a médicos que lhe administraram enemas, e fraturas dos anéis pélvicos haviam subjugado os desejos desse corpo por toque e conforto e, de repente, sem ter saído de seu próprio corpo e sem preparação, caiu nas mãos dela uma coisa que era toda corpo.

Uma coisa que arrotava, que vazava, espalhava fezes e fazia explodir a casa com vida nova e insolente.

Minha mãe tinha 37 anos quando eu cheguei, e meu pai 40. Hoje em dia isso é bastante normal, mas não era normal nos anos 1960, quando as pessoas se casavam cedo e começavam a ter filhos aos vinte anos. Ela e meu pai já estavam casados havia quinze anos.

Tinham um casamento à moda antiga, no qual meu pai nunca cozinhava e minha mãe nunca havia trabalhado fora. Isso foi muito ruim para ela, transformando sua natureza introspectiva em um muro de depressão. Havia muitas brigas, sobre muitas coisas, mas a guerra entre nós era, na verdade, a guerra entre felicidade e infelicidade.

Eu era com muita frequência tomada de raiva e desespero. Estava sempre sozinha. Apesar disso tudo, era e sou apaixonada pela vida. Quando ficava zangada eu me mandava para os Montes Peninos — o dia inteiro com um sanduíche de geleia e uma garrafa de leite. Quando era trancada do lado de fora de casa — ou no outro lugar favorito: o depósito de carvão —, inventava histórias e me esquecia do frio e do escuro. Sei que essas são formas de sobreviver, mas talvez a recusa, qualquer recusa, de ser quebrada deixe entrar quantidade suficiente de luz e de ar para que se possa continuar acreditando no mundo — o sonho da fuga.

Encontrei faz pouco tempo alguns papéis meus, entre eles havia o habitual lixo poético adolescente, mas havia também um verso que, sem saber, usei mais tarde em *Oranges* — "O que eu quero existe se me atrevo a encontrá-lo..."

Sim, é o melodrama de uma jovem, mas essa atitude parece ter cumprido a função de me proteger.

Sempre preferi histórias sobre tesouros enterrados, crianças perdidas e princesas encarceradas. Tinha esperança de que os tesouros fossem encontrados, de que as crianças fossem devolvidas e as princesas libertadas.

E a Bíblia me contou que, mesmo que ninguém me amasse na Terra, havia Deus no céu que me amava como se eu fosse a única pessoa com quem ele se importava.

Acreditei nisso. E me ajudou.

Minha mãe, Mrs. Winterson, não amava a vida. Estava certa de que nada faria a vida melhor. Um dia ela me disse que o Universo é uma lata de lixo cósmica, e, depois de ter pensado sobre aquilo por algum tempo, perguntei se a lata estava tampada ou não.

"Tampada", respondeu ela. "Ninguém pode fugir."

A única saída era o Armagedom — a batalha final, na qual Céu e Terra se entrelaçarão em uma espiral, e os que se salvarem viverão na eternidade com Jesus.

Mrs. Winterson ainda tinha sua Despensa de Guerra. Cada semana, colocava mais uma lata lá dentro — algumas latas estavam lá desde 1947 — e penso que, quando a última batalha começasse, nós íamos viver no pequeno armário que ficava debaixo da escada, junto com a cera para sapatos, e comer todas aquelas latas. Meu sucesso anterior com a carne enlatada não me dava motivo para alarme. Comeríamos nossas rações e esperaríamos por Jesus.

Eu me perguntava se íamos ser libertados pelo próprio Jesus, mas Mrs. Winterson dizia que não. "Ele enviará um anjo."

Então ia ser assim: um anjo debaixo da escada.

Eu me perguntava se as asas caberiam no armário, mas Mrs. Winterson dizia que o anjo não ia se meter conosco debaixo da escada — apenas abriria a porta da despensa e nos diria que era tempo de sair. Nossa mansão no céu estava pronta.

Aquelas interpretações elaboradas de um futuro pós-apocalíptico ocupavam a mente dela. Às vezes ela parecia feliz e tocava piano, mas a infelicidade estava sempre por perto; algum pensamento lhe nublava a mente e ela parava de tocar de ímpeto, fechava o piano e caminhava de um lado para outro no pátio dos fundos, sob as roupas penduradas no varal. Caminhava como se houvesse perdido algo.

Ela havia perdido algo. Algo grande. Ela havia perdido/ estava perdendo a vida.

Estávamos empatadas em nossas perdas. Eu havia perdido o lugar seguro e cálido, embora caótico, da primeira pessoa que amei. Havia perdido meu nome e minha identidade. Crianças adotadas são despejadas. Minha mãe sentia que toda a vida era um grande despejo. Nós duas queríamos ir para casa.

Mesmo assim, eu ficava animada com o Apocalipse, porque Mrs. Winterson fazia dele uma coisa excitante, mas, secretamente, eu esperava que a vida continuasse até que eu pudesse crescer e descobrir mais sobre ela.

O bom de estar trancada em um depósito de carvão é que estimula a reflexão.

Descontextualizada, essa é uma frase absurda. Mas. enquanto continuo tentando entender como funciona a vida, e por que algumas pessoas lidam melhor com a adversidade do que outras, volto a algo que tem a ver com "dizer sim à vida", que é amor pela vida, por mais que nada o justifique, e amor por si mesmo, embora construído. Não no sentido egoísta de "primeiro eu", que é o oposto da vida e do amor, mas com determinação semelhante à do salmão de nadar rio acima, por mais agitado que seja esse "rio acima", porque afinal é o seu rio...

O que me traz de volta à felicidade e a um rápido olhar sobre essa palavra.

Seu significado primeiro atualmente é sentimento de prazer e contentamento: um atordoamento, um sabor, um sentimento do que é bom e certo, de estar relaxado e vivo, que sobe pela barriga... todo mundo sabe o que é...

Mas significados anteriores de felicidade [*happiness*, em inglês] foram construídos a partir do *hap* — *happ* em inglês médio, *gehapp* em inglês antigo —, o acaso ou a fortuna, o bom ou o mau que lhe tocam. *Hap* é o pedaço que lhe cabe na vida, a mão de cartas que você tem para jogar.

A forma como você lida com seu *hap* determinará se você pode ou não ser *happy* [feliz].

O que os norte-americanos, em sua Constituição, chamam de "direito à busca da felicidade" (por favor, tenham em conta que não é "direito à felicidade") é o direito de nadar rio acima, como o salmão.

Buscar a felicidade, que é o que fiz e ainda faço, não é de modo algum o mesmo que ser feliz, o que, creio eu, é fugaz, circunstancial e um tanto bobo.

Se o sol está brilhando, apareça para ele — sim, sim, sim. Tempos felizes são ótimos, mas tempos felizes passam — têm de passar —, porque o tempo passa.

A busca da felicidade é ilusória; dura a vida toda e não está centrada em um objetivo.

O que você está buscando é sentido — uma vida que tenha sentido. Nisso está o *hap* — o destino, a jogada que é sua e não está previamente fixada. Mas mudar o curso do rio ou distribuir novas cartas, qualquer metáfora que se use, vai custar muita energia. Haverá tempos nos quais tudo vai dar tão errado que você mal poderá sobreviver, e tempos nos quais você compreenderá que apenas sobreviver, porém nos seus próprios termos, é melhor do que viver uma meia-vida envaidecida, segundo os termos de outra pessoa.

A busca não é tudo ou nada — ela é tudo E nada. Como todas as Jornadas de Busca.

Quando nasci, tornei-me o cantinho visível de um mapa dobrado.

O mapa contém mais de uma rota. Mais de um destino. O mapa que representa aquele ser que se desdobra não leva exatamente a algum lugar. A seta que diz VOCÊ ESTÁ AQUI é a sua primeira coordenada. Há muitas coisas que você não pode mudar quando é uma criança. Mas você pode fazer a mala para a viagem...

3

No princípio era o Verbo

Minha mãe me ensinou a ler com o Livro de Deuteronômio porque está cheio de animais (a maior parte deles
impuro). Sempre que líamos "Não deveis comer dentre
os ruminantes e os de casco partido", ela desenhava todas
as criaturas mencionadas. Cavalos, coelhos e patinhos
eram animais vagos e fabulosos, mas eu sabia tudo sobre
pelicanos, texugos, bichos-preguiça e morcegos... Minha
mãe desenhava insetos alados e pássaros, mas os meus
favoritos eram os animais marinhos e os moluscos. Eu
tinha uma coleção respeitável da praia de Blackpool.
Minha mãe tinha uma caneta azul para as ondas e tinta
marrom para os caranguejos de costa escamosa. Para as
lagostas havia uma caneta vermelha... O Deuteronômio
tem seus inconvenientes; está cheio de Abominações
e de Impronunciáveis. Sempre que líamos sobre um
bastardo, ou sobre alguém com os testículos esmagados,
minha mãe virava a página e dizia: "Deixem isso para o
Senhor." Mas quando ela não estava por perto, eu dava
uma olhada. Fiquei contente de não ter testículos. Pareciam intestinos, só que do lado de fora, e os homens
na Bíblia volta e meia tinham os seus cortados e não
podiam ir à igreja. Horrível.

Passagem extraída de *Oranges*
Are Not The Only Fruit

MINHA MÃE ESTAVA encarregada da linguagem. Meu pai nunca aprendera a ler direito — só o fazia lentamente, com o dedo acompanhando a linha do texto. Abandonara a escola aos 12 anos para trabalhar nas docas de Liverpool. E, antes dos 12 anos, ninguém se dera ao trabalho de ler para ele. Seu próprio pai tinha sido um bêbado que frequentemente levava consigo o filho pequeno ao pub, deixava-o do lado de fora e, horas mais tarde, cambaleava de volta para casa sabe-se lá como, esquecendo-se do meu pai, que dormia na soleira de alguma porta.

Papai adorava quando Mrs. Winterson lia em voz alta — eu também. Ela sempre ficava de pé enquanto nós dois nos sentávamos, e tinha um desempenho intimista e impressionante ao mesmo tempo.

Ela lia a Bíblia todas as noites, durante meia hora: começava pelo início e ia abrindo caminho através dos sessenta e seis livros do Antigo e do Novo Testamentos. Quando chegávamos ao seu pedaço favorito, o Livro da Revelação e o do Apocalipse — todo mundo sendo destruído e o Demônio no Poço sem Fundo —, ela nos dava uma semana de férias para pensarmos nas coisas. Depois começava de novo: Gênesis capítulo um. *No princípio, criou Deus os céus e a terra...*

Parecia-me um bocado de trabalho fazer um planeta inteiro, um universo inteiro, e depois detonar tudo, mas este é um dos problemas das versões literais do cristianismo: por que cuidar do planeta se sabemos que ele vai terminar em pedaços?

Minha mãe era uma boa leitora, convicta e dramática. Lia a Bíblia como se tivesse acabado de ser escrita — e talvez fosse assim para ela. Desde então, fiquei com a sensação de que o poder de um texto não é limitado pelo tempo. As palavras continuam fazendo seu trabalho.

As famílias da classe trabalhadora do Norte da Inglaterra costumavam ouvir a Bíblia de 1611 com regularidade na igreja e em casa. E como os pronomes de tratamento de então ainda estavam em vigor na nossa fala diária, a linguagem não parecia muito difícil. Eu gostava particularmente de "os vivos e os mortos" — você aprende a sentir a diferença quando vive em uma casa com camundongos e ratoeiras.

Nos anos 1960, muitos homens — e eram os homens e não as mulheres — frequentavam aulas noturnas no Instituto dos Trabalhadores ou no Instituto dos Mecânicos — outra iniciativa progressista vinda de Manchester. A ideia de "melhorar" não era vista como elitista naquela época, tampouco se assumia que todos os valores são relativos nem que todo tipo de cultura é mais ou menos equivalente — seja um show de horror ou uma peça de Shakespeare.

Aquelas aulas noturnas tinham bastante Shakespeare — e nenhum dos homens jamais se queixou de que a linguagem era difícil. Por que não? Porque não era difícil — era a linguagem da Bíblia de 1611; a Bíblia do Rei Jaime foi publicada no mesmo ano da primeira encenação de *A tempestade*. Shakespeare escreveu *Conto de inverno* naquele mesmo ano.

Era uma continuidade útil, que foi destruída`pelos tipos bem-educados e bem-intencionados, que não pensaram nas consequências para a cultura mais ampla de se publicarem bíblias modernas com linguagem simplificada.

A consequência foi que homens e mulheres sem instrução, homens como meu pai, e crianças como eu, que frequentavam escolas populares, deixaram de ter uma conexão fácil, cotidiana, com quatrocentos anos de língua inglesa.

Diversas pessoas mais velhas que eu conhecia, a geração dos meus pais, citavam Shakespeare e a Bíblia, e não raro até poetas metafísicos, como John Donne, sem conhecer a fonte ou de forma equivocada, frequentemente misturando tudo.

Minha mãe, que era apocalíptica por natureza, gostava de saudar quaisquer notícias — fossem de calamidade ou de boa fortuna — com o verso "Não perguntem por quem dobram os sinos...", pronunciado em um tom adequadamente sepulcral. Como as igrejas evangélicas não têm sinos, nunca entendi que aquilo se referia à morte, e decerto até chegar à Oxford, nem sequer tinha noção de que era uma citação equivocada de um trecho em prosa de John Donne, aquele que começa "Nenhum homem é uma ilha..." e termina com "Nunca mande perguntar por quem dobram os sinos..."

Certa vez meu pai ganhou uma rifa no trabalho. Chegou em casa feliz da vida. Minha mãe perguntou-lhe qual era o prêmio.

"Cinquenta libras e duas caixas de Wagon Wheels." (Tratava-se de biscoitos de chocolate grandes e horríveis, com uma carroça e um caubói na embalagem.)

Minha mãe não disse nada, então meu pai pressionou: "Isso é bom, Connie... Você não está contente?"

Ela respondeu: "Não perguntem por quem dobram os sinos..."

De modo que não perguntamos.

Minha mãe tinha outras frases favoritas. Nosso forno a gás explodiu. O técnico veio consertar e disse que não estava gostando nada daquilo, o que não era de surpreender, já que forno e parede tinham ficado negros. Mrs. Winterson contestou: "Isto é um insulto aos céus, aos mortos e à natureza." Era uma carga pesada para ser suportada por um forno a gás.

Ela gostou daquela frase e a usou contra mim mais de uma vez; quando alguém bem-intencionado perguntava por mim, Mrs. W olhava para baixo, suspirava e dizia: "Ela é um insulto aos céus, aos mortos e à natureza."

Isso era ainda pior para mim do que tinha sido para o forno a gás. Eu ficava particularmente preocupada com a parte da "morte" e me perguntava que parente desgraçado e enterrado eu tinha ofendido tanto.

Mais tarde, descobri os versos em *Hamlet*.

Uma frase comum, para ela e para outros, quando faziam uma comparação desfavorável, era: "Como um caranguejo parece com uma maçã."

Essa frase é do Bobo de *Rei Lear*. No entanto, tem um quê de nortista, em parte talvez porque as tradições da classe trabalhadora são orais, não livrescas, mas sua riqueza de linguagem vem de absorver alguns dos clássicos que se estudam na escola — todos aprendidos de memória — e de usar criativamente a linguagem para contar uma boa história. Olho para trás e me dou conta de que nosso acervo de palavras não era pequeno — e que amávamos as imagens.

Até os anos 1980, a cultura visual, a cultura da TV, a cultura de massa ainda não tinha causado um grande impacto no Norte do país — ainda havia uma forte cultura local e um dialeto poderoso. Fui embora em 1979, e não era muito diferente de 1959. Por volta de 1990, quando voltamos lá para filmar *Oranges* para a BBC, muita coisa havia mudado.

Para as pessoas que eu conhecia, os livros eram poucos, mas as histórias estavam por toda parte e a forma de contá-las era tudo. Mesmo uma viagem de ônibus precisava de uma narrativa.

"Eles não têm dinheiro, então vão passar a lua de mel em Morecambe."

"É uma pena, não há nada para se fazer em Morecambe além de nadar."

"Sinto pena deles."

"Sim, mas é só uma semana de lua de mel, conheço uma mulher que passou toda a vida de casada em Morecambe."

Não pergunte por quem os sinos dobram...

Minha mãe contava histórias — da vida deles durante a guerra e de como ela tocava acordeão no abrigo antiaéreo e assim espantava os ratos. Ao que parece, ratos gostam de violino e de piano, mas não toleram o acordeão...

Histórias sobre quando costurava paraquedas — todas as garotas roubavam a seda para fazer vestidos.

Histórias sobre como seria sua vida no futuro, quando ela tivesse uma mansão sem nenhum vizinho por perto. Tudo que ela sempre quis era que todos fossem embora. E quando eu fui embora ela nunca me perdoou.

Ela adorava histórias de milagres, provavelmente porque a vida que levava estava tão longe de um milagre como Júpiter está da Terra. Ela acreditava em milagres, mesmo que nunca tivesse sido agraciada com um. Bem, talvez tenha havido um milagre na vida dela — esse milagre era eu, e ela não sabia que os milagres muitas vezes chegam disfarçados.

Eu era um milagre no sentido de que poderia tê-la tirado daquela vida e a levado para uma vida em que ela fosse feliz. Isso nunca aconteceu, mas não significa que não estivesse ali para acontecer. Tudo isso foi uma lição brutal para mim de como não deixar passar ou deixar de compreender o que está ali, nas nossas mãos, neste exato momento. Sempre pensamos que aquilo de que precisamos para transformar tudo — o milagre — está em outro lugar, mas muitas vezes está ali, bem ao nosso lado. Algumas vezes, o milagre somos nós mesmos.

As histórias de milagre que Mrs. Winterson adorava eram da Bíblia, como a dos pães e a dos peixes, na certa porque nunca tínhamos o bastante para comer, e também as histórias das batalhas de Jesus no Mundo.

Eu gostava particularmente da história do gigante Aleluia — dois metros e quarenta de altura, encolhido até um metro e noventa pelas preces dos fiéis.

E havia as histórias dos sacos de carvão que apareciam do nada e de uma libra extra na bolsa quando mais se precisava.

Mrs. Winterson não gostava de histórias de ressurreição. Sempre dizia que, quando ela morresse, não deveríamos rezar para trazê-la de volta.

O dinheiro para o funeral estava costurado nas cortinas — pelo menos até eu roubá-lo. Quando soltei a bainha para pegar o dinheiro, encontrei um bilhete com a letra dela — Mrs. W tinha tanto orgulho de sua letra — que dizia: "Não chorem, Jack e Jeanette. Vocês sabem onde *estou*."

Eu chorei. Por que a medida do amor é a perda?

4

O problema com os livros...

HAVIA SEIS LIVROS na nossa casa.
Um deles era a Bíblia; outros dois, comentários sobre a Bíblia. Minha mãe era panfletária por temperamento e sabia que rebelião e polêmica são disparadas por material impresso. A nossa casa não era mundana, e minha mãe estava determinada a me proteger das influências mundanas.

Perguntei à minha mãe por que não podíamos ter livros e ela respondeu: "O problema com os livros é que você nunca sabe o que há dentro deles até que seja tarde demais."

Perguntei a mim mesma: "Tarde demais para quê?"

Comecei a ler livros em segredo — não havia outra forma —, e, sempre que abria uma página, eu me perguntava se, daquela vez, seria tarde demais; um esboço final que me mudaria para sempre, como a garrafa de Alice, como a tenebrosa poção de *O médico e o monstro*, como o misterioso líquido que sela o destino de Tristão e Isolda.

Nos mitos, nas lendas, nos contos de fadas e em todas as histórias que compartilham essas características básicas, tanto o tamanho como a forma são aproximados e sujeitos à mudança. Isso inclui o tamanho e a forma do coração, onde os seres amados podem se ver desprezados inesperadamente, onde os seres odiados podem se tornar amados. Vejam o que acontece em *Sonho de uma noite de verão*, de Shakespeare, quando o colírio de Puck transforma Lisandro de mulherengo oportunista em marido devotado. O uso da poção mágica, na obra de Shakespeare, não altera o próprio objeto do desejo — as mulheres são quem são —, mas força o homem a vê-las de forma diferente.

Na mesma peça, Titânia se apaixona por um camponês com cabeça de burro — uso malicioso da poção transformadora, que parece questionar a realidade: será que vemos o que pensamos ver? Amamos como cremos que amamos?

Crescer é difícil. Estranhamente, mesmo quando nossos corpos param de crescer, parece que precisamos continuar crescendo no plano emocional, o que envolve tanto expansão como encolhimento, quando algumas partes de nós se desenvolvem e outras desaparecem consensualmente... A rigidez nunca funciona; acabamos do tamanho errado para o nosso mundo.

Eu costumava sentir uma raiva tão grande que poderia encher uma casa. Eu me sentia tão sem esperança que parecia o Pequeno Polegar, que se esconde debaixo de uma cadeira para não ser pisado.

Lembram como Simbad engana o gênio? Simbad abre uma garrafa e dela sai um gênio de noventa metros de altura que vai matar nosso herói. Então Simbad apela para a vaidade do gênio e aposta que ele não pode entrar de novo na garrafa. Logo que o gênio faz isso, Simbad tampa a garrafa até que o gênio aprenda boas maneiras.

Jung, e não Freud, gostava de contos de fadas pelo que estes nos ensinam sobre a natureza humana. Algumas vezes, uma parte de nós é a um só tempo volátil e poderosa — a raiva crescente que pode matar a si mesmo e os outros e que ameaça dominar tudo. Não podemos negociar com aquela poderosa, porém enraivecida, parte de nós até que lhe ensinemos bons modos — o que significa colocá-la de volta na garrafa para mostrar quem manda realmente. Isso não é repressão, é questão de encontrar um recipiente. Na terapia, o terapeuta atua como um recipiente para aquilo que não ousamos deixar sair, porque é assustador demais, ou para aquilo que deixamos sair de vez em quando, com consequências devastadoras.

Os contos de fadas nos advertem de que não há um tamanho padrão — isso é uma ilusão da vida industrial —, ilusão com a qual os fazendeiros ainda lutam quando tentam fornecer vegetais uniformes aos supermercados... Não, o tamanho é subjetivo e está sujeito a mudanças.

As histórias dos deuses que aparecem sob forma humana — deidades poderosas em escala reduzida — também são histórias contra o "julgar pelas aparências": as coisas não são o que parecem.

Acho que ser do tamanho certo para o seu mundo — e saber que tanto você quanto o seu mundo não têm, de nenhuma maneira, dimensões fixas — é uma dica valiosa para aprender a viver.

Mrs. Winterson era grande demais para o seu mundo, mas ela se agachava, deprimida e desajeitada, sob as prateleiras mais baixas, de vez em quando explodindo até seus noventa metros, elevando-se sobre todos nós. Depois, uma vez que isso era inútil, redundante, apenas destrutivo, ou assim parecia ser, ela se encolhia outra vez, derrotada.

Sou baixa, de modo que gosto das histórias do cara pequeno, oprimido, mas elas não tratam diretamente do tema de um tamanho *versus* o outro. Pensem na história de *João e o pé de feijão*, por exemplo, que fala de um gigante feio e estúpido e de um Joãozinho esperto e de pés ágeis. Até aí, tudo bem, mas o problema é que o que varia de tamanho é o pé de feijão, que começa como um pezinho de feijão e termina como uma coisa enorme parecida com uma árvore, a qual João escala para alcançar o castelo. Essa ponte entre dois mundos é imprevisível e surpreendente. E mais adiante, quando o gigante tenta escalá-la para perseguir João, o pé de feijão tem de ser cortado imediatamente. Isso me sugere que a busca da felicidade, que também podemos chamar de vida, está cheia de elementos temporários surpreendentes — chegamos a um lugar ao qual de certo modo não poderíamos ir e aproveitamos a viagem, mas não é possível ficar lá: não é o nosso mundo, e não podemos deixar que aquele mundo caia sobre o mundo que habitamos, esmagando tudo. O pé de feijão tem de ser cortado. As riquezas em grande escala do "outro mundo", entretanto, podem ser trazidas para o nosso, tal qual João faz com a harpa cantante e a galinha dos ovos de ouro. Qualquer coisa que "ganhemos" se acomodará ao nosso tamanho e forma

— assim como as princesas em miniatura e os príncipes-sapos, todos assumem a forma verdadeira necessária à próxima vida deles, e à nossa.

O tamanho importa.

Em meu romance *Sexing the Cherry* (1989), inventei uma personagem chamada Mulher Cão, uma gigante que vivia no rio Tâmisa. Ela sofre porque é grande demais para o seu mundo. A gigante era mais uma leitura da minha mãe.

Seis livros... E minha mãe não queria que os livros caíssem nas minhas mãos. Nunca ocorreu a ela que eu havia caído nos livros — que eu me pusera neles para obter proteção.

Toda semana Mrs. Winterson me mandava à biblioteca pública de Accrington para buscar sua pilha de livros sobre mistério e crime. Sim, isso é uma contradição, mas nossas contradições nunca são contradições para nós mesmos. Ela gostava de Ellery Queen e Raymond Chandler, e quando eu a desafiava com aquela história de "o problema com os livros é que você nunca sabe o que há dentro deles até que seja tarde demais...", ela respondia que, se você já sabe que vai aparecer um cadáver, o choque não é tão grande.

Deixavam que eu lesse livros de não ficção sobre reis, rainhas e eventos históricos, mas nunca, jamais, ficção. Os livros de ficção eram os que davam problema...

A biblioteca pública de Accrington era bastante completa, construída em pedra sobre os valores de uma era de autoajuda e aperfeiçoamento pessoal. Foi finalmente terminada em 1908, com dinheiro da Carnegie Foundation. Do lado de fora, havia cabeças esculpidas de

Shakespeare, Milton, Chaucer e Dante. No interior havia azulejos *art nouveau* e uma janela gigantesca de vitrais, onde se podiam ler frases úteis como A INDÚSTRIA E A PRUDÊNCIA CONQUISTAM.

O acervo da biblioteca dispunha de todos os clássicos da literatura inglesa, além de algumas poucas surpresas, como Gertrude Stein. Eu não tinha ideia do que ler ou em que ordem, de modo que comecei em ordem alfabética. Graças a Deus o sobrenome dela era Austen...

Um dos seis livros que havia em casa era inesperado: um exemplar de *Morte d'Arthur*, de Thomas Mallory. Era uma linda edição com gravuras e havia pertencido a um tio instruído e boêmio — o irmão da mãe dela. Assim Mrs. Winterson o conservou e eu o li.

As histórias de Arthur, de Lancelot e Guinevere, de Merlin, de Camelot e do Santo Graal foram atraídas para dentro de mim como a molécula que faltava a um composto químico.

Continuei trabalhando com as histórias do Graal por toda a vida. São histórias de perda, de lealdade, de fracasso, de reconhecimento, de segundas oportunidades. Eu costumava colocar o livro de lado e ficava pensando naquela parte em que Percival tem uma visão do Graal, porém, por ser incapaz de fazer a pergunta certa, faz o Graal desaparecer. Percival passa vinte anos vagando pelos bosques, à procura do que já havia encontrado, do que lhe havia sido dado, que parecia tão fácil, mas que não era.

Mais tarde, quando as coisas ficavam difíceis para mim no trabalho, e eu sentia que havia perdido ou me desviado de algo que nem conseguia identificar, era a história de Percival que me dava esperança. Pode haver uma segunda oportunidade...

Na realidade, há mais do que duas oportunidades — há muito mais. Agora sei, depois de cinquenta anos, que encontrar/perder, esquecer/lembrar, partir/regressar: essas coisas nunca têm fim. O sentido da vida tem a ver com isso, com uma nova oportunidade, e enquanto estivermos vivos, até o último momento, sempre haverá uma nova oportunidade.

E, é claro, eu adorava a história de Lancelot, porque trata de saudade e de amor não correspondido.

Sim, histórias são perigosas, ela estava certa. Um livro é um tapete mágico que leva você para outro lugar. Um livro é uma porta que você abre. Você atravessa a porta. Será que volta?

Eu tinha 16 anos e minha mãe estava a ponto de me expulsar de casa para sempre. Eu tinha rompido uma regra muito importante — ainda maior do que a de ler livros proibidos. A regra não era apenas Não Fazer Sexo, mas, sobretudo, Não Fazer Sexo Com Seu Próprio Sexo.

Eu estava assustada e infeliz.

Lembro-me de ter ido à biblioteca buscar os livros de mistério e crime. Um dos livros que minha mãe tinha encomendado se chamava *Assassinato na Catedral*, de T.S. Eliot. Ela supôs que fosse uma história sangrenta sobre monges perversos — e ela gostava de tudo o que era ruim para o Papa.

O livro me pareceu um pouco fino — livros de mistério e crime costumam ser bem grossos —, de modo que dei uma olhada e vi que era escrito em versos. Sem dúvida aquilo não estava certo... Eu nunca tinha ouvido falar de T.S. Eliot. Pensei que podia ter alguma relação com George Eliot. A bibliotecária me disse que era um poeta norte-americano que vivera na Inglaterra a maior parte da vida. Morrera em 1964 e havia ganhado o Prêmio Nobel.

Eu não lia poesia porque minha meta era avançar pela Literatura Inglesa em prosa de A a Z.

Mas aquilo era diferente.

Eu li: *Este é um dado momento,/Mas saiba que outro momento/Virá penetrá-lo com súbita e dolorosa alegria.*

Comecei a chorar.

Alguns leitores ali me lançaram olhares de reprovação; a bibliotecária me repreendeu, porque naquela época não era permitido sequer espirrar na biblioteca, quanto mais chorar. Então levei o livro para fora e, sentada nos degraus do edifício em meio à habitual ventania do Norte, li da primeira à última página.

Aquela peça estranha e bela tornou as coisas suportáveis naquele dia, e o que ela tornou suportável foi uma segunda família fracassada — a primeira não era minha culpa, embora todas as crianças adotadas culpem a si mesmas. O segundo fracasso era definitivamente culpa minha.

Eu estava confusa quanto a sexo e a sexualidade. E chateada com problemas práticos do tipo: onde viver, o que comer, como terminar meus estudos.

Não havia ninguém para me ajudar, mas T.S. Eliot me ajudou.

Portanto, quando as pessoas dizem "a poesia é um luxo, uma opção, é para a classe média educada" ou "não deveria ser ensinada nas escolas porque é irrelevante" ou

52

qualquer das coisas equivocadas e estúpidas que são ditas sobre poesia e o seu lugar em nossas vidas, suspeito que o enunciador de tais palavras sempre teve uma vida bem fácil. Uma vida dura requer uma linguagem dura — e a poesia é isso. É o que a literatura oferece: uma linguagem poderosa o bastante para dizer as coisas tais como elas são.

Não é um lugar onde se esconder. É um lugar onde se encontrar.

Em muitos sentidos já havia chegado a hora de ir embora. Os livros tinham ficado com o melhor de mim, e minha mãe ficara com o melhor dos livros.

Eu costumava trabalhar no mercado aos sábados e às quintas e sextas-feiras depois da escola, embalando compras. Eu usava o dinheiro que ganhava para comprar livros, que contrabandeava para dentro de casa e escondia debaixo do colchão.

Qualquer pessoa com uma cama de solteiro tamanho padrão e uma coleção de livros de bolso tamanho padrão saberá que setenta e dois livros podem ser acomodados por camadas sob o colchão. Centímetro por centímetro, minha cama começou a subir visivelmente, como acontece no conto "A princesa e a ervilha", de modo que em pouco tempo eu dormia mais próxima do teto do que do chão.

Minha mãe era desconfiada, mas, mesmo que não fosse, estava claro que a filha estava subindo nesse mundo.

Certa noite ela entrou no meu quarto e viu a lombada de um livro saindo de debaixo do colchão. Puxou o livro dali e o examinou com uma lanterna. Foi uma escolha infeliz: *Mulheres apaixonadas*, de D.H. Lawrence.

Mrs. Winterson sabia que Lawrence era um satanista e um pornógrafo; lançou o livro pela janela e começou a remexer e vasculhar tudo até que eu caí da cama, e ela continuou lançando livros e mais livros pela janela, no pátio dos fundos da casa. Eu recolhia alguns livros e tentava escondê-los, o cachorro abocanhava outros e saía correndo, e o meu pai ficou ali parado de pijama, sem poder fazer nada.

Quando terminou, pegou o pequeno fogareiro que usávamos para aquecer o banheiro, foi até o pátio, derramou querosene nos livros e tacou fogo.

Observei enquanto ardiam e lembro-me de ter pensado como a atmosfera estava quente e iluminada naquela congelante noite de janeiro. Desde então, os livros têm sido luz e calor para mim.

Eu tinha encapado todos com plástico, porque eram valiosos. Agora haviam desaparecido.

Pela manhã havia pedaços de livros e páginas espalhadas por todo o pátio e calçada. Quebra-cabeça de livros queimados. Juntei alguns pedaços.

Provavelmente é por isso que escrevo como escrevo — colecionando pedaços, incerta da narrativa sequencial. O que diz Eliot? *Com tais fragmentos escorei minhas ruínas...*

Fiquei muito quieta por algum tempo, mas aprendi algo importante: tudo que está do lado de fora pode ser levado de nós a qualquer momento. Só o que existe por dentro está a salvo.

Comecei a memorizar textos. Sempre havíamos memorizado longas passagens da Bíblia, e parece que, nas culturas de tradição oral, as pessoas têm a memória melhor do que as que confiam em textos escritos.

Houve uma época em que arquivar não era um ato de administração, era uma forma de arte. Os primeiros poemas surgiram para comemorar, para fazer lembrar, pelas gerações futuras, seja uma vitória em batalha, seja a vida da tribo. A *Odisseia*, *Beowulf* são poemas, sim, mas com uma função prática. Se você não pode escrever, como passar adiante? Você lembra. Você recita.

O ritmo e a imagem da poesia a tornam mais fácil de recordar do que a prosa, mais fácil de cantar. Mas eu também precisava da prosa, e assim fiz minhas versões concisas de romances do século XIX — buscando o talismânico, sem me preocupar muito com o enredo.

Eu tinha linhas dentro de mim — uma sequência de faróis. Tinha a linguagem.

Ficção e poesia são poções, remédios. Curam a ruptura que a realidade produz na imaginação.

Eu fora ferida e uma parte muito importante de mim fora destruída — minha realidade, os fatos da minha vida. Mas do outro lado dos fatos estava quem eu podia ser, como eu poderia sentir, e enquanto eu tivesse palavras para isso, imagens para isso, histórias para isso, eu não estava perdida.

Havia dor. Havia alegria. Havia a alegria dolorosa sobre a qual Eliot escrevera. Tive minha primeira sensação dessa alegria dolorosa ao subir a colina atrás da nossa casa, as longas ruas estreitas, uma cidade lá embaixo e uma colina no topo. As ruas de paralelepípedo. Ruas que iam direto para o bairro de Factory Bottoms.

Eu olhava aquilo e não parecia um espelho nem um mundo. Era o lugar no qual eu estava naquele momento, não o lugar onde iria estar. Os livros tinham ido embora, mas eram só objetos; o que continham não podia ser destruído tão facilmente. O que continham já estava dentro de mim, e juntos escaparíamos dali.

De pé em frente à pilha fumegante de papel e tinta, ainda quente na manhã fria do dia seguinte, compreendi que havia algo mais que eu podia fazer.

"Foda-se", pensei. "Posso escrever meus próprios livros."

5
Em casa

A NOSSA ERA UMA das casas estreitas de uma longa fileira de casas estreitas. A rua de paralelepípedo — de
sólidas pedras de York — subia uma colina. Nossa casa,
a de número 200, estava quase no cume.

Entrando na casa, havia um saguão estreito e escuro
com uma fileira de ganchos na parede para pendurar casacos e um medidor de gás que funcionava com moedas.
Saindo do saguão para a direita, ficava a sala de visitas,
com uma luminária de chão, uma rádio-vitrola, um sofá
de três lugares e uma cristaleira.

Ao passar por uma porta, havia uma escada íngreme
que levava ao andar de cima. Seguindo em frente, encontravam-se a sala, a cozinha, o pátio, o depósito de carvão
e o banheiro externo, conhecido como Betty.

No andar de cima, havia dois quartos, um à direita e
um à esquerda. Quando eu tinha 14 anos, o quarto da
esquerda, úmido e tomado de infiltração, foi dividido
em dois: um quarto para mim e um banheiro para todos. Até então, usávamos um urinol no andar de cima
e dormíamos todos no mesmo quarto. Nele ficavam a
cama de casal onde meu pai dormia, e onde minha mãe
dormia quando meu pai não estava nela, e uma cama de

solteiro encostada na parede, onde eu dormia. Sempre fui boa nisso de dormir.

Entre as camas, havia uma mesinha com um abajur em formato de globo do meu lado, e uma bailarina, que cumpria função de lâmpada de cabeceira e despertador, do lado da cama grande.

Mrs. Winterson adorava aparelhos elétricos multifuncionais de design duvidoso. Foi uma das primeiras mulheres a ter um corpete térmico. Infelizmente, vez ou outra ele superaquecia e apitava para alertar a usuária. Como o corpete ficava, por definição, debaixo da anágua, do vestido, do avental e do casaco, ela pouco podia fazer para resfriá-lo a não ser tirar o casaco e ficar no pátio. Se chovesse, ela tinha que ficar na Betty.

Betty era um bom banheiro; todo pintado de branco e compacto, com uma lanterna pendurada atrás da porta. Eu contrabandeava livros para lá e os lia em segredo, alegando estar constipada. Aquilo era arriscado, porque Mrs. Winterson era especialista em supositórios e enemas. Mas sempre há um preço a pagar pela arte...

O depósito de carvão não era um bom lugar; era úmido, sujo e frio. Eu tinha mais horror a ser trancada ali do que do lado de fora da casa, na soleira. Eu costumava gritar e golpear a porta, mas não adiantava. Certa vez, consegui derrubá-la, mas a isso se seguiu uma surra. Minha mãe nunca me batia. Ela esperava meu pai chegar em casa e lhe dizia quantos golpes e com o que me aplicar: vara de plástico, cinto ou apenas a mão.

Algumas vezes, passava-se um dia inteiro antes que a punição fosse aplicada, e, assim, crime e castigo pareciam desconectados para mim, e a punição arbitrária e sem sentido. Eu não os respeitava por isso. Depois de certo tempo, já nem sequer os temia. Não modificava meu comportamento. Fazia apenas com que eu os odiasse — não o tempo todo —, mas com o ódio dos desamparados; um ódio cozinhado a fogo baixo, que, gradualmente, foi se tornando o leito do nosso relacionamento. Um ódio feito de carvão, que queimava lentamente como o carvão, reavivado a cada crime, a cada castigo.

A classe trabalhadora do Norte da Inglaterra vivia em um mundo rotineiramente brutal. Os homens batiam nas mulheres — ou, como dizia D.H. Lawrence, davam-lhes "umas pancadas" — para mantê-las em seu lugar. Com menos frequência, mas era fato conhecido, as mulheres batiam nos homens, e se isso estivesse dentro da moralidade do senso comum do "eu merecia aquilo" — bebedeiras, puladas de cerca, apostas com o dinheiro das despesas da casa — os homens aceitavam a surra.

As crianças eram esbofeteadas quase que diariamente, mas surras eram menos comuns. Brigavam o tempo todo — tanto meninos quanto meninas —, e cresci sem me preocupar muito com a dor física. Eu costumava bater nas minhas namoradas até compreender que aquilo não era aceitável. Mesmo agora, quando fico furiosa, gostaria de poder golpear a pessoa que me enfurece até derrubá-la no chão.

Isso não resolve nada, eu sei, e passei muito tempo tentando compreender minha própria violência, que não é a de uma menininha. Há pessoas que nunca poderiam cometer assassinato. Não sou uma delas.

É melhor saber disso. É melhor saber quem você é, o que há em você, o que você poderia fazer, o que talvez fizesse, em caso de provocação extrema.

Meu pai começou a bater na segunda mulher alguns anos depois de estarem casados. Lillian ligou para mim, na minha casa nas Cotswolds, e disse: "Seu pai começou a atirar coisas em mim. Eu atirei algumas de volta nele."

Na época, eles estavam vivendo em um bangalô dentro de um asilo, cenário improvável de violência doméstica, e meu pai tinha 77 anos. Eu não levei a sério. O que estariam atirando um no outro? Dentaduras?

Sei que ele costumava bater na minha mãe antes de encontrarem Jesus, e sei que tanto ela como a mãe dela levavam surras de meu avô, mas, quando eu era pequena, papai só me batia a pedido da minha mãe.

No dia seguinte ao telefonema de Lillian, fiz a viagem de quatro horas até Accrington, e papai foi enviado para comprar peixe com batatas fritas. Lillian me serviu chá em uma xícara de plástico. Havia louça quebrada por toda parte.

"Meu jogo de chá", disse Lillian, "ou o que restou dele... comprado e pago com o meu dinheiro, não com o dele."

Ela estava indignada, particularmente porque Mrs. Winterson havia colecionado louças Royal Albert toda a vida — um conjunto muito deselegante de louças, guardado na cristaleira. Lillian convencera papai a vendê-lo e comprar um novo.

Lillian estava machucada. Papai parecia envergonhado.

Levei-o de carro para o Vale de Bowland. Ele amava as colinas e os vales do Lancashire — nós dois amávamos aquilo. Enquanto era um homem vigoroso, costumava carregar-me na garupa da bicicleta por uns trinta quilômetros até chegar a Pendle Hill, e então andávamos por ali o dia inteiro. Aqueles foram meus dias mais felizes.

Papai nunca falou muito, desajeitado e inseguro com a linguagem, enquanto minha mãe e eu éramos rápidas e furiosas em nossas discussões e brigas. Mas suspeito que tenha sido o estilo de conversa semelhante ao de Jeová de Mrs. Winterson — na verdade um eterno solilóquio — que o silenciou além do que tendia sua própria natureza.

Perguntei-lhe o que havia acontecido com a louça, e ele não disse nada durante uma meia hora, depois chorou. Bebemos um pouco de chá da garrafa térmica, e papai começou a falar sobre a guerra.

Ele tinha participado do desembarque do dia D. Esteve na primeira onda de ataque. Os soldados não tinham munição, somente baionetas. Ele matou seis homens com a sua baioneta.

Contou-me o que aconteceu quando voltou para casa, para Liverpool, de licença. Estava tão cansado que entrou em uma casa abandonada, arrancou as cortinas, deitou no sofá e cobriu-se com elas. Foi acordado de madrugada por um policial sacudindo seu ombro — não tinha visto o que acontecera?

Papai olhou em volta, ainda meio dormindo. Estava no sofá, debaixo das cortinas, mas a casa desaparecera. Tinha sido bombardeada durante a noite.

Contou também como o pai dele levava-o para caminhar pelo porto de Liverpool, procurando trabalho durante a Depressão. Papai nasceu em 1919, era um bebê comemorativo-do-fim-da-Primeira-Guerra-Mundial.

Depois se esqueceram da comemoração. Esquecerem-se de cuidar dele. Foi da geração criada a tempo para a próxima guerra.

Papai tinha 20 anos quando foi convocado. Conhecia o abandono e a pobreza. E já sabia que era preciso bater na vida antes que ela batesse em você.

De alguma forma, todas aquelas partes dele que ficaram depositadas no fundo por tantos anos voltaram à tona. E, com elas, voltaram os pesadelos sobre Mrs. Winterson e o começo da vida de casados deles.

"Eu a amava...", ficava repetindo.

"Você a amou, e agora ama a Lillian, e não deve jogar o bule de chá nela."

"Connie não me perdoará por ter casado outra vez."

"Está tudo bem, papai. Ela vai ficar contente que você esteja feliz."

"Não, não vai."

Fico pensando: a não ser que o céu seja mais que um lugar, a não ser que seja um transplante total de personalidade, não, ela não vai ficar contente... Mas não digo nada. Em vez disso, comemos chocolate e continuamos em silêncio. Então ele diz: "Tenho andado assustado."

"Não se sinta assim, pai."

"Você está certa", concorda ele, confortado, como um menininho. Ele sempre foi um menininho, e fico chateada por não ter cuidado dele, chateada por existirem tantas crianças de quem ninguém nunca cuida e que, assim, não podem crescer. Ficam mais velhas, mas não crescem. Para isso, o amor faz falta. Se tivermos sorte, o amor vem depois. Se tivermos sorte, não golpearemos o amor no rosto.

*

Papai prometeu que não faria aquilo novamente. Levei Lillian para comprar um conjunto novo de louça.

"Gosto desse biqueiro...", disse ela. E eu gostei que ela chamasse caneca de "biqueiro". Uma boa gíria — algo onde mergulhar o bico.

"A culpa é da Connie", disse ela. "Deviam tê-la encarcerado pelo que fez com você e com seu pai. Você sabe que ela era louca, não sabe? Toda aquela história de Jesus, de ficar acordada a noite inteira, de trancar você do lado de fora, a arma, os corpetes e aqueles trechos da maldita Bíblia colados nas paredes por todos os lados. Eu fiz com que ele raspasse tudo das paredes, você sabe. Ele sempre amou você, mas ela não deixava. Ele nunca quis que você fosse embora."

"Ele não lutou por mim, Lillian."

"Eu sei, eu sei, eu disse isso para ele... Aquela casa horrível... E aquela horrível louça Royal Albert."

Minha mãe tinha se casado para menos. Isso significava sem dinheiro e sem perspectivas. Casar-se para menos significava ter de mostrar para todo mundo da rua que, mesmo que você não fosse rica, você era melhor. Ser melhor significava uma cristaleira.

Cada centavo economizado ia para uma lata de biscoito com um Royal Albert escrito bem grande, e cada peça de Royal Albert ia para a cristaleira.

A louça Royal Albert é coberta de rosas e tem bordas de ouro. Nem é preciso dizer que só a usávamos no Natal e no aniversário da minha mãe, que era em janeiro. O restante do tempo ela era *exibida*.

Todos pegamos a febre Royal Albert. Eu economizava, papai fazia hora extra, e o fazíamos porque cada exibição de um prato ou de uma molheira fazia com que ela ficasse tão perto da felicidade quanto possível. A felicidade ainda estava do outro lado de uma porta de vidro, mas pelo menos ela podia contemplá-la através do vidro, como um prisioneiro que recebe a tão esperada visita do ser amado.

Ela queria ser feliz, e penso que é por isso que eu a enraivecia tanto. Eu simplesmente não podia viver na lixeira cósmica fechada com uma tampa. Seu hino favorito era "Deus os eliminou", enquanto o meu era "Rejubilai-vos, Santos de Deus".

Eu ainda canto esse hino e o ensinei a todos os meus amigos e afilhados: é completamente ridículo e, penso eu, bem maravilhoso. Aqui vai a letra completa:

> *Cheer up ye saints of God.*
> *There's nothing to worry about;*
> *Nothing to make you feel afraid,*
> *Nothing to make you doubt;*
> *Remember Jesus saves you;*
> *So why not trust him and shout,*
> *You'll be sorry you worried at all, tomorrow*
> *Morning.**

---

*Rejubilai-vos, Santos de Deus,/Não há nada com que se preocupar;/Nada para fazer-vos ter medo,/Nada para fazer-vos duvidar;/Lembrai que Jesus vos salva;/Então por que não confiar nele e bradar,/Vós vos arrependereis, vós que duvidastes,/Amanhã pela manhã. (*N. do T.*)

Assim, enquanto minha mãe, ao piano, cantava "Deus os eliminou", eu, no depósito de carvão, cantava "Rejubilai-vos, Santos de Deus".

O problema da adoção é que a mãe nunca sabe o que vai levar para casa.

Nossa vida em casa era um pouco estranha.

Não fui à escola até os 5 anos, porque vivíamos na casa do meu avô e cuidávamos da minha avó, que estava para morrer. Era difícil acrescentar a escola àquela situação.

Naqueles dias em que a vovó estava morrendo, eu costumava subir na cama dela — alta e grande — no quarto que dava para o jardim de roseiras. Era um quarto adoravelmente iluminado, e eu sempre era a primeira pessoa a me levantar pela manhã.

Daquele jeito que as crianças pequenas e os velhos têm de se dar tão bem, eu adorava ir à cozinha e ficar sobre uma banqueta, fazendo sanduíches de geleia e creme, bem melecados. Aquilo era tudo que minha avó podia comer, por causa do câncer de garganta. Eu gostava deles, mas eu gostava de qualquer tipo de comida, e, além disso, naquela hora não havia nenhum dos Mortos vagando pela cozinha. Ou talvez só minha mãe pudesse vê-los.

Quando ficavam prontos, eu levava os sanduíches para a cama grande e alta — eu tinha 4 anos, suponho —, acordava a vovó, comíamos os sanduíches, ficávamos todas lambuzadas de geleia e líamos. Ela lia para mim, e eu lia para ela. Eu era boa de leitura — você tem que ser, se começa com a Bíblia... Mas eu sempre amei as palavras.

Vovó me comprou todos os livros da série *Orlando, Marmelada, Gato*, de Kathleen Hale. Orlando era tão laranja e tão afável...

Aqueles foram bons tempos. Certo dia, a mãe do meu pai veio nos visitar e me foi apresentada como "sua avó".

Eu disse: "Já tenho uma avó. Não quero outra."

Isso realmente a feriu, e ao meu pai também, e foi mais uma evidência da minha natureza ruim. Mas ninguém pensou que, na minha pequena aritmética, a existência de duas mães havia significado que a primeira fora embora para sempre. Por que duas avós não significariam o mesmo?

Eu ficava muito assustada com a perda.

Quando a vovó morreu, fui eu que a encontrei. Eu não sabia que ela estava morta. Só sabia que ela não estava lendo as histórias nem comendo os sanduíches de geleia com creme.

E então fizemos as malas e deixamos a casa do vovô, com os três jardins e o bosque íngreme, para trás.

Voltamos para a Water Street. A velha casa "dois em cima, dois embaixo".

Penso que a depressão da minha mãe começou ali.

Durante os dezesseis anos que passei em casa, meu pai ou estava trabalhando no turno da noite na fábrica ou estava na igreja. Esse era o seu padrão.

Minha mãe ficava acordada a noite inteira e deprimida o dia inteiro. Esse era o padrão dela.

Eu ia à escola, à igreja, passeava pelas colinas ou lia em segredo. Esse era o meu padrão.

Aprendi cedo a manter sigilo. A esconder meu coração. A ocultar meus pensamentos. Desde que ficara decidido que eu era o Berço Errado, tudo o que eu fazia fortalecia aquela crença da minha mãe. Ela me observava procurando sinais de possessão.

Quando fiquei surda, ela não me levou ao médico porque estava certa de que ou era Jesus tapando meus ouvidos para as coisas mundanas, numa tentativa de restaurar minha alma corrompida, ou Satã sussurrava tão alto neles que havia perfurado meus tímpanos.

Foi muito ruim para mim que minha surdez viesse quase ao mesmo tempo que descobri meu clitóris.

Mrs. Winterson era uma mulher à moda antiga. Sabia que masturbação causava cegueira, de modo que não foi difícil concluir que a surdez era mais uma consequência.

Eu achava que aquilo não era justo, porque muitas pessoas que conhecíamos usavam aparelhos para surdez e óculos.

Na biblioteca pública havia uma seção inteira de textos com letras grandes. Notei que ficava ao lado dos cubículos para estudo individual. Presumivelmente uma coisa levava à outra.

De qualquer modo, tive de tirar minhas adenoides, e assim verificou-se que não fora nem Jesus nem Satã que bloquearam meus ouvidos — minha própria natureza era a única culpada.

Quando minha mãe me levou ao hospital e me deixou no leito hospitalar da ala infantil, pulei para fora e corri atrás dela.

Ela já estava longe, com o casaco de poliéster, alta, maciça, solitária, e ainda me lembro do linóleo bem polido deslizando debaixo dos meus pés descalços.

Pânico. Ainda posso senti-lo agora mesmo. Devo ter pensado que ela tinha me devolvido para ser adotada outra vez.

Lembro-me daquela tarde no hospital: sob o efeito do anestésico, comecei a inventar a história de um coelho que não tinha pelo. Sua mãe então deu a ele um casaco coberto de joias para vestir, mas uma doninha roubou o casaco, e era inverno...

Acho que devo terminar essa história um dia desses...

Levou um bom tempo para que eu entendesse que há dois tipos de escritura: a que você escreve e a que escreve você. A que escreve você é perigosa. Você vai para onde não quer ir. Você olha para onde não quer olhar.

Um ano depois do episódio do coelho e das adenoides, fui mandada para a escola. O que foi uma verdadeira preocupação, porque minha mãe chamava a escola de Terreno Fértil — e, quando lhe perguntei o que era exatamente um Terreno Fértil, ela me respondeu que era como a pia da nossa casa, se ela não pusesse sempre água sanitária nela.

Ela me disse para não me misturar com as outras crianças, que supostamente tinham resistido à água sanitária. Mesmo assim todas eram muito pálidas.

Eu sabia ler, escrever e somar, que era tudo o que acontecia na escola. A despeito da minha capacidade, recebi más avaliações — naquela lógica segundo a qual as crianças más recebem más avaliações. Eu tinha aceitado o rótulo de *má*. Era melhor ter alguma identidade do que não ter identidade.

Na maior parte do tempo, eu desenhava cenas do Inferno que levava para casa para minha mãe admirar. Há uma técnica muito eficiente para desenhar o Inferno: colore-se um pedaço de papel com as cores do arco-íris em blocos; depois, esfrega-se um lápis de cera preto sobre essas cores até cobri-las. Então se pega um clipe e raspa-se o papel. Onde o preto for raspado, as cores aparecem. Dramático e eficaz. Sobretudo para almas perdidas.

Quando deixei o jardim de infância por ter caído em desgraça após tacar fogo na cozinha de brinquedo, a diretora, que usava roupa de *tweed* preta porque estava de luto pela Escócia, disse à minha mãe que eu era dominadora e agressiva.

Eu era mesmo. Eu batia nas outras crianças — nos meninos e nas meninas — e, quando não entendia o que estava sendo ensinado durante uma aula, saía da sala e mordia a professora se ela tentasse fazer com que eu voltasse.

Compreendo que meu comportamento não era o ideal, mas minha mãe acreditava que eu fora possuída pelo demônio e a diretora estava de luto pela Escócia. Era difícil ser normal nessas circunstâncias.

Eu me arrumava sozinha para a escola todos os dias. Minha mãe me deixava uma tigela de flocos de milho e o leite numa jarra. Não tínhamos geladeira, e na maior parte do ano, não precisávamos de uma — a casa era fria, o Norte era frio, e, quando comprávamos comida, logo comíamos.

Mrs. Winterson tinha histórias terríveis sobre geladeiras — escapavam gás e faziam você ficar tonta, os camundongos ficavam presos no motor, os ratos eram atraídos pelos camundongos mortos presos no motor... crianças ficavam presas dentro delas e não podiam escapar. Ela conhecia uma família cujo filho mais novo entrou na geladeira para brincar de esconde-esconde e congelou até a morte. Tiveram que descongelar a geladeira para tirar o corpo. Depois daquilo, o conselho tutelar da cidade levou as outras crianças da família. Eu me perguntava por que simplesmente não tinham levado a geladeira em vez das crianças.

Todas as manhãs, quando eu descia para o primeiro andar, soprava o fogo para mantê-lo aceso e em seguida lia o meu bilhete — sempre havia um bilhete. A nota começava com um lembrete geral sobre higiene — MÃOS, ROSTO, PESCOÇO E ORELHAS — e com uma exortação da Bíblia, tal como *Busque o Senhor*; ou *Observe e reze*.

A exortação era diferente a cada dia. As partes do corpo a serem lavadas permaneciam as mesmas.

Quando eu tinha 7 anos, ganhamos uma cachorrinha, e minha tarefa antes da escola era passear com ela pelo quarteirão e alimentá-la. Então a lista mudou para LAVAR, PASSEAR, ALIMENTAR, LER.

Na hora do jantar, como o almoço era chamado no Norte, durante os primeiros anos eu saía da escola para comer em casa, porque a escola primária ficava ao lado, virando a esquina. Nesse horário, minha mãe já estava de pé e pronta, e comíamos torta com ervilha e líamos a Bíblia.

Mais tarde, quando frequentei a escola secundária, que ficava mais longe, não voltava para casa no horário do jantar, e assim não comia nada no jantar. Minha mãe se recusava a fazer uma declaração de baixa renda, de modo que eu não estava qualificada para receber refeições grátis na escola. Também não tínhamos dinheiro para pagá-las. Eu costumava levar duas fatias de pão de forma e uma de queijo soltas na mochila.

Ninguém achava aquilo estranho — e não era. Havia muitas crianças que não se alimentavam corretamente.

À noite, nós nos alimentávamos corretamente porque tínhamos uma horta, e nossos vegetais eram bons. Eu gostava de plantar vegetais — ainda gosto, e há nisso um prazer tranquilo para mim. Tínhamos galinhas e, portanto, ovos, mas como o dinheiro só dava para comprar carne duas vezes por semana, não ingeríamos proteínas na quantidade necessária.

Nas noites de quinta-feira sempre havia cebolas ou batatas cozidas da horta. Papai recebia o salário na sexta-feira, e na quinta seguinte já não havia dinheiro. No inverno, os medidores de gás e de eletricidade também paravam nas quintas-feiras e, assim, as cebolas e batatas não eram cozidas o suficiente e as comíamos à luz do lampião de querosene.

Todos na rua passavam pela mesma situação. Quintas-feiras de apagão eram comuns.

Não tínhamos carro, telefone ou aquecimento central. No inverno, as janelas congelavam do lado de dentro.

Geralmente passávamos frio, mas não me lembro de ficar aborrecida com isso. Meu pai não tivera meias quando criança, portanto nossos pés, e até mesmo o resto de nós, tinham feito progresso.

Havia uma lareira de carvão que aprendi a alimentar e a acender quando tinha 5 anos, logo que voltamos da casa do vovô, que tinha aquecimento central, para nossa casa fria e úmida. Meu pai me ensinou a acender o fogo, e eu ficava orgulhosa de mim mesma, de meus dedos queimados e de meu cabelo chamuscado.

Era tarefa minha torcer pedaços de papel, embebê-los de querosene e guardá-los empilhados em uma lata de biscoito fechada. Meu pai cortava gravetos com um machado. Quando o carvoeiro passava, dava de brinde à minha mãe sacos daquilo que chamavam escória de carvão, porque, em certa época, ele quisera se casar com ela. Ela encarava isso como um insulto à sua moralidade, mas ficava com a escória.

Quando minha mãe ia para a cama, por volta das seis da manhã, espalhava uma fina poeira de escória sobre o fogo, para conservá-lo baixo e quente, e deixava para mim algum carvão para que eu ativasse o fogo às sete e meia da manhã. Ela ficava sentada a noite inteira escutando transmissões secretas da Palavra de Deus para a Rússia Soviética, lá atrás da Cortina de Ferro. Fazia bolos, costurava, tecia, pregava um botão e lia a Bíblia.

Era uma mulher muito solitária. Uma mulher solitária que ansiava por alguém que a conhecesse. Acho que a conheço agora, mas é tarde demais.

Ou não?

Freud, um dos grandes mestres da narrativa, sabia que o passado não é fixo do modo que o tempo linear sugere. Podemos regressar. Podemos pegar o que deixamos cair. Podemos consertar o que outros quebraram. Podemos falar com os mortos.

Mrs. Winterson deixou para trás coisas que não podia fazer.

Uma dessas coisas era construir um lar.

O filósofo romeno Mircea Eliade fala sobre o lar — tanto ontológico como geográfico — e, em uma frase encantadora, chama o lar de "coração do real".

O lar, diz ele, é a interseção de duas linhas — a vertical e a horizontal. O plano vertical tem o céu — ou mundo superior — numa das pontas, e o mundo dos mortos na outra. O plano horizontal é o tráfego deste mundo, sempre para lá e para cá — nosso próprio tráfego e o de inúmeros outros.

O lar é um lugar de ordem. Um lugar onde a ordem das coisas se encontra — os vivos e os mortos, o espírito dos ancestrais e os habitantes atuais—, e onde se dá a reunião e a aquietação de todo aquele vaivém.

Sair de casa só pode acontecer porque existe uma casa de onde sair. E a saída não é, nunca, apenas uma separação geográfica ou espacial; é uma separação emocional — desejada ou não. Firme ou ambivalente.

Para os refugiados, para os sem-teto, a falta desta coordenada importante para a localização do eu tem severas consequências. Na melhor das hipóteses, deve ser controlada, compensada de algum modo. Na pior, uma pessoa deslocada, literalmente, não sabe para onde ir porque não há um verdadeiro norte. Nenhum ponto na bússola. O lar é muito mais que abrigo: o lar é nosso centro de gravidade.

Os povos nômades aprendem a carregar consigo seus lares — e os objetos familiares são espalhados ou reerigidos de acampamento em acampamento. Quando nos mudamos de casa, levamos conosco o conceito invisível de lar — um conceito muito poderoso. A saúde mental e a continuidade emocional não demandam que continuemos na mesma casa ou no mesmo lugar, mas exigem, sim, uma estrutura interna robusta — e essa estrutura é construída, em parte, pelo que aconteceu no exterior. O lado de dentro e o lado de fora de nossas vidas são, cada qual, a concha onde aprendemos a viver.

O lar foi problemático para mim. Não representava ordem e não garantia segurança. Saí de casa aos 16 anos e depois disso continuei me mudando até que finalmente, quase por acidente, encontrei e conservei duas residências, ambas modestas, uma em Londres e outra no campo. Nunca vivi com ninguém em nenhum desses lares.

Não fico inteiramente feliz com isso, mas quando vivi com alguém, e por treze anos, só consegui porque contava com muito espaço destinado só a mim. Não sou bagunçada, sou organizada, cozinho e limpo com muita alegria, mas outra presença é difícil para mim. Preferiria que não fosse dessa forma, porque eu realmente ia gostar de viver com alguém que amasse.

Só acho que não sei como se faz isso.

Portanto, é melhor aceitar minha necessidade, não completamente ajustada, de distância e privacidade.

Mrs. Winterson nunca respeitou a minha privacidade. Revistava minhas coisas, lia meus diários, meus cadernos, minhas histórias, minhas cartas. Nunca me senti segura em casa, e quando ela me fez ir embora eu me senti traída. A horrível e doentia sensação de que eu nunca tinha pertencido e nunca iria pertencer a um lugar é amenizada agora pelo fato de meus lares serem meus e de que posso ir e vir quando bem quiser.

Nunca tive uma chave da casa de Water Street e, assim, entrar em casa dependia de que me deixassem entrar — ou não me deixassem. Não sei por que ainda gosto tanto de soleiras de porta — parece uma coisa perversa, passei tanto tempo sentada nelas. Mas as duas partes do lar que mais me importavam em Accrington são as partes sem as quais não poderia passar agora.

A entrada e a lareira.

Meus amigos brincam que não fecho a porta até que seja oficialmente hora de dormir ou que esteja nevando dentro da cozinha. A primeira coisa que faço, quando levanto de manhã, é abrir a porta dos fundos. A coisa seguinte que faço, no inverno, é acender o fogo da lareira.

Todas aquelas horas que passei sentada na soleira da porta me deram um sentimento de limiar. Adoro o modo como os gatos gostam de estar metade do lado de dentro e metade fora, o selvagem e o domado, e eu também sou selvagem e domada. Sou doméstica, mas só se a porta estiver aberta.

E acho que essa é a chave — ninguém nunca mais vai me trancar do lado de dentro ou do lado de fora outra vez. Minha porta está aberta, e eu sou a pessoa que a abre.

A entrada e a lareira são espaços míticos. Ambos têm aspectos sagrados e cerimoniais. Cruzar a entrada é ingressar em outro mundo — seja o mundo interior ou o mundo exterior —, e nunca estaremos realmente certos do que há do outro lado da porta até que a abramos.

Todos têm sonhos com portas familiares e quartos desconhecidos. O reino mágico de Nárnia tem sua porta no fundo de um armário. Na história do Barba-Azul, há uma porta que não deve ser aberta. Um vampiro não pode atravessar uma porta encimada por uma guirlanda de alho. Abram a porta do pequeno Tardis, a máquina do tempo e espaçonave da série de televisão *Mr. Who*, para deparar com um espaço vasto e cambiante.

A tradição de carregar a noiva no colo ao entrar na casa nova é um rito de passagem; um mundo foi deixado para trás, adentra-se outro. Quando deixamos a casa dos pais, mesmo nos dias de hoje, fazemos muito mais do que sair com uma mala.

Nossa própria porta da frente pode ser uma coisa maravilhosa, ou algo que tememos; raramente é só uma porta.

O atravessar para dentro e para fora, os mundos diferentes, os espaços significantes, são coordenadas privadas que, na minha ficção, tentei tornar paradigmáticas.

As histórias pessoais atingem outras pessoas quando se tornam tanto paradigmas como parábolas. A intensidade de uma história — digamos, a história contada em *Oranges* — adquire uma extensão maior do que ocupava no tempo e no espaço. A história cruza o limiar do meu mundo para o seu. Nós nos encontramos nos degraus da história.

Os livros, para mim, são um lar. Livros não fazem um lar; eles são um lar, no sentido de que, assim como se faz com uma porta, abre-se um livro e entra-se nele. Lá dentro há um tipo diferente de tempo e um tipo diferente de espaço.

Também há calor nos livros — uma lareira. Sento com um livro na mão e estou aquecida. Sei disso por causa das noites geladas que passei sentada na soleira da porta.

Mrs. Winterson viveu na mesma casa da Water Street de 1947 até sua morte em 1990. Era um santuário? Acho que não. Era ali que ela queria estar? Não...

Ela odiava o pequeno e o simples, e, no entanto, foi tudo o que ela teve na vida. Eu mesma comprei algumas casas grandes ao longo do caminho, simplesmente porque estava experimentando alguma coisa por ela. Na verdade, meus gostos são mais modestos — mas você não sabe disso até que tenha comprado e vendido pelo fantasma da sua mãe.

Como a maior parte das pessoas, vivi por muito tempo com minha mãe e meu pai... assim começa *Oranges*, e termina com a moça — vamos chamá-la de Jeanette — regressando ao lar para encontrar as coisas quase do mesmo jeito que as deixou — exceto por um novo órgão eletrônico para acrescentar um pouco de baixo e de percussão às canções de Natal. Mas, fora isso, é a vida como sempre foi — a figura gigantesca da mãe, curvada no interior da casa apertada, enchendo-a de louça Royal Albert e de aparelhos elétricos, fazendo as contas da igreja em um livro de contabilidade de dupla entrada, fumando noite adentro em meio a uma neblina de spray contra moscas, os cigarros escondidos em uma caixa onde escreveu ELÁSTICOS.

Como acontece com a maior parte das pessoas, quando olho para trás, a casa da família ficou conservada no tempo — ou melhor, agora está fora do tempo — porque existe de maneira clara e permanente; no entanto, só podemos adentrá-la através de uma porta na mente.

Gosto que as sociedades pré-industriais e as culturas religiosas ainda distingam entre dois tipos de tempo — tempo linear, que também é cíclico porque a história se repete, mesmo quando parece progredir, e tempo real, que não está sujeito ao relógio ou ao calendário, que é aquele em que a alma costuma viver. Esse tempo real é reversível e resgatável. É por isso que, nos ritos religiosos de todo tipo, algo que aconteceu uma vez é reencenado — a Páscoa judaica, o Natal, a Páscoa católica ou, no registro pagão, o solstício de verão e a morte do deus. Enquanto participamos do ritual, saímos do tempo linear e entramos no tempo real.

O tempo só está verdadeiramente acorrentado quando vivemos num mundo mecanizado. Então nos transformamos em observadores de relógios e escravos do tempo. Como o resto da vida, o tempo fica uniforme e padronizado.

Quando saí de casa aos 16 anos, comprei um pequeno tapete. Era meu mundo enrolado. Em qualquer quarto, em qualquer lugar temporário em que eu estivesse, desenrolava o tapete. Era um mapa de mim mesma. Invisível para os outros, mas, aderidos ao tapete, estavam todos os lugares nos quais eu tinha estado — por algumas semanas, por alguns meses. Na primeira noite em qualquer lugar novo, eu gostava de deitar na cama e olhar para o tapete, para me lembrar de que eu tinha tudo de que precisava, mesmo que o que eu tivesse fosse tão pouco.

Às vezes é preciso viver em lugares precários e temporários. Lugares inadequados. Lugares errados. Algumas vezes, o lugar seguro não nos ajuda.

Por que saí de casa aos 16 anos? Foi uma dessas escolhas importantes que mudam o resto da vida. Quando olho para trás, parece que eu estava no limite do bom senso, e a coisa sensata a fazer teria sido ficar quieta, prosseguir, aprender a mentir melhor e ir embora mais tarde.

Tenho observado que fazer a coisa sensata só é uma boa ideia quando a decisão é de pequena monta. Para as coisas que mudam a sua vida, você deve arriscar.

E aqui está o que é chocante — quando arriscamos, quando fazemos a coisa certa, quando atravessamos a fronteira do bom senso e cruzamos para um território desconhecido, deixando para trás todos os cheiros e luzes familiares, não experimentamos alegria e energia intensas.

Ficamos infelizes. As coisas pioram.

É um tempo de luto. Perda. Medo. Fuzilamo-nos com perguntas. E então nos sentimos atingidos e feridos.

E aí todos os covardes aparecem falando: "Viu, eu disse."

Na verdade, eles não disseram nada.

6

Igreja

"ISSO NÃO É UMA IGREJA — são duas casas coladas uma na outra."

A Igreja Pentecostal Elim, na Blackburn Road, em Accrington, foi o centro da minha vida por dezesseis anos. Não tinha bancos nem altar nem nave ou coro, não tinha vitrais nem velas nem órgão.

Tinha cadeiras de madeira dobráveis, um longo e baixo púlpito — mais parecido com um palco do que com o tradicional tablado —, um piano de armário e um fosso.

O fosso era abastecido de água para nossos serviços de batismo. Tal qual Jesus batizara seus discípulos no rio Jordão, nós também mergulhávamos os crentes em uma piscina cálida e profunda, que tinha de ser aquecida aos poucos no dia anterior ao serviço de batismo.

Os candidatos ao batismo recebiam uma pequena caixa para que nela depositassem seus óculos e seus dentes. A caixa era somente para óculos até Mrs. Smalley abrir a boca debaixo d'água para louvar o Senhor e perder a dentadura superior. O pastor não sabia nadar, e um membro do rebanho teve de mergulhar para recuperar os dentes de Mrs. Smalley. Todos nós cantamos "Eu Farei de Vós Pescadores de Homens" como encorajamento, mas concluiu-se que perder uma dentadura era uma falta de sorte, mas perder duas poderia parecer falta de cuidado. E, assim, o batismo acontecia sem dentaduras — se você usasse uma, e a maior parte das pessoas usava.

Havia um debate feroz sobre enterros/cremações com ou sem dentaduras.

Como a maior parte dos grupos evangélicos, o Elim acreditava na ressurreição do corpo com o soar da Última Trombeta — Mrs. Winterson não acreditava nisso, mas ficava calada. A questão era: se você tivesse tido seus dentes removidos, e isso estava na moda até os anos 1960, você os recuperaria ao soar da Última Trombeta? Se assim fosse, os dentes falsos atrapalhariam? E, se não, você teria de passar a eternidade sem os dentes?

Alguns diziam que isso não importava, porque ninguém ia comer na vida depois da morte; outros diziam que importava muito, porque iríamos querer aparecer bem diante de Jesus...

E a discussão não acabava nunca...

Mrs. Winterson não queria seu corpo ressurrecto porque ela nunca, nunca o amara, nem mesmo por um único minuto de um único dia. Mas embora acreditasse no Fim dos Tempos, sentia que a ressurreição corpórea não era científica. Quando lhe perguntei sobre isso, ela me disse que havia visto os noticiários da Pathé sobre Hiroshima e Nagasaki e que sabia tudo sobre Robert Oppenheimer e o Projeto Manhattan. Ela vivera durante a guerra. Seu irmão tinha servido a Força Aérea, meu pai tinha servido o exército — era a vida deles, não era apenas história. Ela disse que depois da bomba atômica não se podia mais acreditar em matéria, era tudo ligado à energia. "Essa vida é toda matéria. Quando partirmos, todos seremos energia, e é tudo o que sabemos sobre isso."

Tenho pensado muito nisso ao longo dos anos. Ela tinha compreendido algo infinitamente complexo e absolutamente simples. Para ela, no Livro da Revelação, as "coisas do mundo" que iriam morrer, "Céu e Terra entrelaçados em uma espiral", eram demonstrações do inevitável movimento da matéria para a energia. O tio dela, o amado irmão da amada mãe, fora cientista. Ela era uma mulher inteligente, e em algum lugar em meio à teologia insana e às políticas brutais, à depressão extravagante e à negação dos livros, do conhecimento, da vida, ela tinha testemunhado a explosão da bomba atômica e compreendera que a verdadeira natureza do mundo é energia e não matéria.

Mas ela nunca entendeu que a energia poderia ter sido sua verdadeira natureza enquanto estava viva. Ela não precisava ter ficado presa na matéria.

Os candidatos ao batismo, envergonhados ou entusiasmados, vestiam um lençol branco, e o pastor lhes fazia esta única pergunta: "Aceita o Senhor Jesus Cristo como seu Salvador?"

A resposta era: "Aceito." Nesse instante, o candidato avançava pela água amparado de ambos os lados por dois homens fortes e era totalmente submergido — morria para a vida antiga e emergia para o novo dia. Outra vez de pé, e encharcado, recebia seus dentes e seus óculos e era enviado à cozinha para secar-se.

Os serviços de batismo eram muito apreciados, e sempre seguidos por uma refeição de torta de batata e carne moída.

A Igreja Elim não batiza crianças. Batismo é para adultos ou para aqueles próximos da maioridade — eu tinha 13 anos. Ninguém pode ser batizado na Elim a não ser que tenha entregado a vida a Jesus e que compreenda o que isso significa. A injunção de Cristo de que seus seguidores devem nascer duas vezes — de parto natural e pelo parto espiritual — está de acordo com cerimônias de iniciação religiosa tanto pagãs como tribais. Deve haver um rito de passagem, que seja consciente, entre a vida recebida pela sorte e a nova condição de vida, que é escolhida.

Há vantagens psicológicas em se escolher conscientemente a vida e uma certa forma de vida — e não apenas aceitar a vida como um dom animal, vivido de acordo com os acasos da natureza e da sorte. O "segundo nascimento" protege a psique ao propiciar tanto autorreflexão como significado.

Sei que todo esse processo se transforma muito facilmente em mais uma modalidade de aprendizagem mecânica, em que nada se escolhe de verdade, e qualquer resposta, por mais tola que seja, é preferida a qualquer questionamento honesto. Mas o princípio permanece positivo: vi uma grande quantidade de homens e mulheres da classe trabalhadora — inclusive eu — viver uma vida mais profunda e reflexiva do que teria sido possível sem a Igreja. Não eram pessoas educadas; o estudo da Bíblia formava suas mentes. Encontravam-se depois do trabalho para discussões ruidosas. O sentido de pertencer a algo grande, algo importante, dava unidade e significação a suas vidas.

Uma vida sem sentido para um ser humano não tem nada da dignidade da falta de consciência animal; não podemos simplesmente comer, dormir, caçar e reproduzir — somos criaturas que buscam sentido para as coisas. O mundo ocidental eliminou a religião, mas não o impulso religioso. Parece que precisamos de algum objetivo superior, alguma meta para nossas vidas — dinheiro, lazer e progresso social não bastam.

Devemos encontrar novas formas de atribuir significado à vida. Ainda não está claro como isso vai acontecer.

Mas para os membros da Igreja Pentecostal Elim, de Accrington, a vida era plena de milagres, sinais, maravilhas e objetivos práticos.

O movimento começou em 1915, em Monaghan, na Irlanda, embora seu fundador, George Jeffreys, fosse galês. O nome Elim vem de *Êxodo* 15:27. Moisés está vagando pelo deserto com os israelitas, todos estão infelizes, cansados e à espera de um sinal de Deus, quando, inesperadamente, *vieram a Elim, e havia ali doze fontes de água e setenta palmeiras; e ali se acamparam junto das águas.*

Se alguma galinha não estivesse pondo ovos, rezavam sobre ela e decerto um ovo estaria a caminho. Nossos serviços de Páscoa sempre abençoavam as galinhas, que muitas pessoas ali criavam. As nossas ficavam no nosso lote, a maioria era criada nos pátios dos fundos das casas. A visita de uma raposa logo se tornava uma parábola sobre os modos trapaceiros de Satã. Uma galinha que não pusesse ovos, por mais que se rezasse sobre ela, era como uma alma que se afastava de Jesus — orgulhosa e improdutiva.

Se você estendia a roupa lavada na corda e começava a chover, reuniam-se alguns fiéis para rezar por um bom vento que as secasse. Como ninguém tinha telefone, com frequência corria-se à casa dos vizinhos para pedir ajuda. Não Mrs. Winterson — ela rezava sozinha. E rezava de pé; mais parecia um profeta do Antigo Testamento do que uma pecadora de joelhos.

Seu sofrimento era sua armadura. Gradualmente, tornou-se sua pele. E então ela não pôde mais tirá-la. Morreu sem analgésicos e sofrendo.

Para o restante de nós, para mim, a certeza de um Deus próximo dava um sentido à incerteza. Não tínhamos conta bancária nem telefones nem carros nem banheiros no interior das casas, nem tapetes. Não tínhamos estabilidade no emprego. E muito pouco dinheiro. A igreja era um lugar de ajuda mútua e de possibilidades imaginativas. Não conheço ninguém, e me incluo aí, que se sentisse preso ou sem esperanças. Não importava que só tivéssemos um par de sapatos e nenhuma comida nas noites de quinta-feira, antes do dia de pagamento: *"Buscai, em primeiro lugar, o Reino de Deus e a Sua justiça, e todas essas coisas vos serão dadas por acréscimo."*

Bom conselho — se o reino de Deus for o lugar do verdadeiro valor, o lugar não vinculado aos fatos e números do cotidiano, se for o que você ama desinteressadamente...

Em um mundo que se tornou instrumental e utilitário, o símbolo do reino de Deus — e é um símbolo, não um lugar — permanece como o desafio lançado pelo amor à arrogância do poder e às ilusões da riqueza.

Segundas-feiras à noite — Irmandade Feminina
Terças-feiras à noite — Estudo da Bíblia
Quartas-feiras à noite — Encontro de Oração

Quintas-feiras à noite — Irmandade Masculina/
   Black and Decker
Sextas-feiras à noite — Grupo da Juventude
Sábados à noite — Encontro de Renascimento (fora
   da igreja)
Domingos — Todo o dia

As noites *Black and Decker* da Irmandade Masculina
eram reuniões com um sentido prático, realizadas para
reformar o edifício da igreja ou para ajudar algum irmão
a efetuar reparos em sua casa. Os Encontros de Renascimento dos sábados à noite eram realmente o ponto alto
da semana, porque, de hábito, envolviam um passeio a
outra igreja ou, no verão, uma cruzada missionária em
tendas.

Nossa igreja tinha uma tenda gigante e, todo verão,
íamos para cima e para baixo com a Cruzada da Glória.
Minha mãe e meu pai renovaram seus votos numa tenda
dessa cruzada, armada em um pedaço de terra abandonada debaixo do viaduto de Accrington.

Minha mãe adorava as Cruzadas da Glória. Não acho
que acreditava nem na metade do que se supunha que
devesse acreditar, e ela inventou bastante teologia. Mas
acho que foi aquela noite na tenda da cruzada, quando
ela e papai encontraram o Senhor, o que impediu que
saísse de casa com uma pequena mala e nunca mais
voltasse.

E assim, todos os anos, quando Mrs. Winterson via a tenda
armada no campo e ouvia o harmônio tocando "Abide

With Me" ["Permaneçam comigo"], ela costumava agarrar minha mão e dizer: "Posso sentir o cheiro de Jesus."

O cheiro de lona molhada (no Norte sempre chove no verão), o cheiro de sopa cozinhando e o cheiro do papel úmido dos hinários; esse era o cheiro de Jesus.

Se você quiser salvar almas — e quem não quer? —, uma tenda parece ser o melhor tipo de estrutura temporária. É uma metáfora para essa nossa vida provisória — sem fundações e com possibilidade de ser soprada longe. É um romance com os elementos. O vento sopra, a tenda ondeia, quem aqui se sente perdido e sozinho? Resposta: todos nós. O harmônio toca "What A Friend We Have in Jesus" ["Que amigo temos em Jesus"].

Numa tenda, sente-se simpatia pelos outros, mesmo que não sejam conhecidos. O fato de se estar junto sob uma tenda é uma espécie de vínculo; quando vemos rostos sorridentes, quando sentimos o cheiro da sopa e a pessoa ao nosso lado pergunta nosso nome, é bem provável que você venha a querer ser salvo. O cheiro de Jesus é um cheiro bom.

A tenda era como a guerra tinha sido para a geração dos meus pais. Não a vida real, mas uma vida na qual as regras comuns não se aplicavam. Podia-se esquecer das contas e do incômodo. Tinha-se um objetivo comum.

Posso vê-los: papai com seu casaco de tricô e sua gravata de tricô, parado à porta, apertando as mãos das pessoas enquanto entravam; mamãe, na metade do corredor central da tenda, ajudando os crentes a encontrarem seus lugares.

E lá estou eu, distribuindo hinários ou liderando o coro; as igrejas evangélicas cantam muitos hinos — de versos curtos, alegres e agudos, com melodias empolgantes e fáceis de memorizar, como "Cheer Up Ye Saints of God" ["Rejubilai-vos, Santos de Deus"].

É difícil entender as contradições, a não ser que você as tenha vivido. De um lado a camaradagem, a felicidade simples, a gentileza, o compartilhamento, o prazer de se ter algo para fazer todas as noites em uma cidade onde não havia nada para fazer. Em oposição a isso, a crueldade do dogma, a rigidez deprimente de não poder beber nem fumar, nada de sexo (ou, se você fosse casado, o mínimo de sexo possível), não poder ir ao cinema (foi aberta uma exceção para Charlton Heston como Moisés em *Os Dez Mandamentos*), não poder ler nada exceto literatura devocional, e nada de roupas chiques (como se pudéssemos bancá-las). Nada de dança (a não ser que fosse na igreja, e era um tipo de dança irlandesa de êxtase celestial), nada de música pop, nada de jogo de cartas, nada de pubs — nem mesmo para tomar suco de laranja. A TV estava liberada, mas não aos domingos. Aos domingos, o aparelho ficava coberto por um pano.

Mas eu adorava a igreja durante as férias escolares, quando as Cruzadas da Glória funcionavam e eu podia pegar a bicicleta e pedalar cinquenta ou setenta quilômetros para onde estivessem as tendas, onde alguém sempre me dava salsicha ou torta. E aí começava o culto e, horas mais tarde, todos os que tinham viajado até lá se metiam em seus sacos de dormir e se deitavam no chão. De manhã pedalávamos de volta para casa.

Mrs. Winterson ia de ônibus por conta própria, para que pudesse fumar.

Um dia levou a tia Nellie com ela. Ambas fumavam, mas tinham um pacto de não dizer a ninguém. Tia Nellie tinha sido metodista, mas mudara de ideia. Todos a chamavam de tia Nellie, embora não fosse da família de nenhum de nós. Acho que nasceu sendo chamada de tia Nellie.

Vivia em um cortiço do tipo "um em cima, um embaixo", naquelas moradias de pedra ao lado das fábricas. O banheiro externo era compartilhado com outras duas casas. Era muito limpo — os banheiros externos deviam ser muito limpos — e tinha um retrato da jovem rainha Elizabeth II em um uniforme militar. Alguém havia pixado na parede DEUS SALVE A RAINHA!

A tia Nellie compartilhava o banheiro, mas tinha sua própria bica externa, que lhe proporcionava água fria. No interior da casa havia um fogão de carvão com uma grande chaleira de estanho em cima e um pesado ferro de passar. Pensávamos que ela usava o ferro para passar roupa e, de noite, para esquentar a cama antes de dormir.

Ela não era casada, tinha pernas tortas, cabelo crespo, era magra como alguém que nunca tivesse o bastante para comer e nunca foi vista sem o seu casaco.

Quando as mulheres foram prepará-la para o enterro, precisaram cortar os botões do casaco para tirá-lo e disseram que parecia mais de ferro corrugado do que de lã.

Depois descobrimos que ela vestia roupa íntima de lã, inclusive um corpete, meias de lã e uma espécie de anágua de retalhos — acho que foi agregando e tirando pedaços da anágua ao longo dos anos. Tinha um cachecol de seda grosso, masculino, em volta do pescoço, que ficava invisível por baixo do casaco. O cachecol era de muito boa qualidade, o que levou a especulações — tia Nelly tivera um namorado?

Se é que tivera, foi durante a guerra. Uma amiga dela disse que toda mulher teve um namorado durante a guerra — fossem casadas ou não, na época as coisas eram assim.

Seja como for que tenha sido, tia Nelly, quando morreu, estava usando o cachecol, a roupa íntima, o casaco e nada mais. Nem vestido nem saia nem blusa.

Ficamos pensando se ela tinha estado tão doente que não conseguia se vestir, mesmo que ainda andasse para cima e para baixo, para a igreja e para o mercado. Ninguém sabia a idade dela.

Foi a primeira vez que qualquer um de nós foi ao andar de cima.

O pequeno quarto estava vazio — uma minúscula janela com jornais colados para não deixar sair o calor. Um tapete sobre as tábuas do chão — desses que se faz por conta própria com retalhos de malha, que têm uma superfície áspera e que ficam ali no chão como cães cabisbaixos.

Havia um estrado de ferro com um amontoado de edredons encaroçados — do tipo cheio com as plumas de um único pato. Havia também uma cadeira com um chapéu poeirento em cima. Um urinol para a noite. Uma fotografia na parede da tia Nellie ainda moça, usando um vestido preto de bolinhas brancas.

Havia um armário e, nele, dois jogos limpos de roupas íntimas remendadas e dois pares limpos de meias de lã grossa. Pendurado e embrulhado em papel marrom, o vestido de bolinhas. Tinha almofadas de suor costuradas nas axilas, das que se usavam antes da invenção do desodorante. As almofadas eram lavadas, de noite, junto com as meias.

Olhamos e procuramos, mas não havia mesmo onde procurar. A tia Nellie estava sempre de casaco porque não tinha roupas.

As mulheres lavaram tia Nellie e puseram o vestido de bolinhas nela. Elas me mostraram como se faz um cadáver parecer bonito. Não foi meu primeiro defunto — eu já ficara sentada comendo sanduíches de geleia com a vovó morta; no Norte, durante os anos 1960, os caixões eram conservados abertos na casa do falecido por três dias, e ninguém se incomodava.

Tocar um corpo morto, entretanto, é estranho — ainda acho estranho. A pele muda muito rapidamente e tudo encolhe. Mas eu não deixaria que uma estranha lavasse e vestisse um corpo que eu amava. É a última coisa que você pode fazer por alguém, a última coisa que podem fazer juntos. Os dois corpos, como era antes. Não, não é trabalho para um estranho...

A tia Nellie devia ter muito pouco dinheiro. Duas vezes por semana, espremia quantas crianças da vizinhança coubessem em seu único quarto, fazia sopa de cebola ou de batata. As crianças traziam sua própria tigela, e ela as servia, com uma concha, direto do fogão.

Ensinava-lhes canções e contava histórias da Bíblia. Trinta ou quarenta crianças magrinhas e famintas faziam fila do lado de fora, algumas vezes traziam coisas feitas pelas próprias mães — bolinhos ou caramelos — e compartilhavam entre si. Todas tinham piolho. Todas a amavam, e ela amava a todas. Chamava sua casa pequena, úmida e escura, com paredes pretas e uma única janela de "Cantinho do Sol".

Foi minha primeira lição de amor.

Eu precisava de lições de amor. Ainda preciso, porque nada é mais simples, nada é mais difícil do que o amor.

Amor incondicional é o que uma criança deve esperar dos pais, mesmo que raramente funcione dessa forma. Eu não tive isso e fui uma criança muito nervosa e alerta. Também era um pouco bronca, para que ninguém me batesse ou me visse chorar. Eu não podia relaxar em casa, não podia desaparecer, cantarolando, num espaço onde pudesse ficar sozinha, mesmo na presença do outro. E o que dizer dos Mortos vagando pela cozinha, dos camundongos disfarçados de ectoplasma, dos momentos em que o piano começava a tocar de repente, do velho revólver e da cadeia de montanhas do pensamento incessante da minha mãe, o que dizer das assustadoras horas de dormir: se papai estava trabalhando no turno da noite, e ela vinha para a cama, isso significava que passaria a noite inteira com a luz acesa, lendo sobre o Fim dos Tempos — o que dizer do próprio Apocalipse, nunca muito longe? Bem, nosso lar não era realmente um lugar para relaxar.

A maior parte das crianças cresceu deixando, na época do Natal, alguma coisa do lado de fora da casa para o Papai Noel, quando ele descia pela chaminé. Eu costumava deixar presentes para os Quatro Cavaleiros do Apocalipse.

"Será hoje, mamãe?"

"Não pergunte por quem os sinos dobram."

Mrs. Winterson não tinha uma personalidade tranquilizadora. Você pedia garantias e não conseguia nada. Nunca perguntei a ela se me amava. Ela me amava nos dias em que estava capacitada para amar. Realmente acredito que era o melhor que ela podia fazer.

Quando o amor é incerto, e você é uma criança, assume que essa é a natureza do amor, sua qualidade: ser incerto. Os filhos não criticam os pais até mais tarde. No começo, o amor que você recebe é o amor que cai bem.

Eu não sabia que o amor podia ter continuidade. Não sabia que o amor humano podia ser confiável. O deus de Mrs. Winterson era o Deus do Antigo Testamento. Buscar a perfeição tendo como modelo uma deidade que exige amor absoluto de seus "filhos", mas que não se incomoda com afogá-los (Arca de Noé), que tenta matar aqueles que o irritam (Moisés) e que deixa Satã arruinar a vida do mais inocente de todos (Jó), talvez seja mau para o amor.

É verdade que Deus se reforma e melhora graças a seu relacionamento com os seres humanos, mas Mrs. Winterson não era do tipo interativo; não gostava de seres humanos e nunca se reformou ou melhorou. Estava sempre me colocando para baixo e depois fazia um bolo para consertar as coisas. Muitas vezes, depois de uma briga, caminhávamos até a loja de filé de peixe com batatas fritas na noite seguinte e sentávamos no banco do lado de fora, comendo direto do cone feito de jornal e observando o ir e vir das pessoas.

Durante a maior parte da minha vida, me comportei da mesma forma, porque foi o que aprendi sobre o amor.

Adicione a isso minha própria selvageria e intensidade, e o amor torna-se bastante perigoso. Nunca usei drogas, usei o amor — do tipo louco, temerário, mais danoso do que curativo, mais aflitivo do que saudável. E eu lutava, reclamava e tentava consertar as coisas no dia seguinte. E ia embora sem dizer uma palavra e não me importava.

O amor é vívido. Eu nunca quis a versão pálida. O amor é poder total. Eu nunca quis a versão diluída. Nunca me esquivei da enormidade do amor, mas não tinha ideia de que o amor pudesse ser tão confiável como o sol. O diário amanhecer do amor.

A tia Nellie transformou o amor em sopa. Ela não queria agradecimentos e não estava "fazendo o bem". Nas terças e quintas, alimentava com amor todas as crianças que podia encontrar, e mesmo que os Quatro Cavaleiros do Apocalipse derrubassem o banheiro externo e cavalgassem pela cozinha de chão de pedra, as crianças teriam tomado a sua sopa.

Fui à minúscula casa da tia Nellie algumas vezes, mas nunca pensei no que ela estava fazendo. Só mais tarde, muito mais tarde, tentando reaprender o amor, comecei a pensar sobre aquela continuidade firme e simples e sobre o que significava. Talvez, se eu houvesse tido filhos, pudesse ter chegado a isso mais cedo, mas talvez tivesse ferido meus próprios filhos da mesma maneira que fui ferida.

Nunca é tarde demais para aprender a amar.

Mas é assustador.

Na igreja ouvíamos sobre o amor todos os dias, e certo dia, depois da missa, uma menina mais velha me beijou. Foi meu primeiro momento de reconhecimento e desejo. Eu tinha 15 anos.

Eu me apaixonei — que mais se pode fazer?

Éramos como qualquer par de crianças da idade e do tipo de Romeu e Julieta — vivendo no mundo da lua, encontrando-se secretamente, passando bilhetes na escola, falando sobre como iríamos fugir e abrir uma livraria. Começamos a dormir juntas na casa da mãe dela, que trabalhava no turno da noite. E uma noite ela veio para ficar comigo na Water Street, o que era muito incomum, pois Mrs. Winterson odiava visitas.

Mas Helen tinha ido passar a noite, e durante a madrugada dividimos a mesma cama. Acabamos adormecendo. Minha mãe chegou com a lanterna. Lembro-me de acordar com a lanterna nos nossos rostos, como o farol de um carro passando do rosto de Helen para o meu. A lanterna agitava-se ao longo da cama estreita e para fora da janela como se fosse um sinal.

Era um sinal. Era o sinal do fim do mundo.

Mrs. Winterson acreditava na doutrina escatológica. Acreditava no Fim dos Tempos e ensaiava para o grande dia. Em casa, nossos estados emocionais beiravam o limite. As coisas geralmente eram fatalistas. Geralmente exageradas. Quando me pegou roubando dinheiro, disse: "Nunca confiarei em você outra vez." E nunca mais confiou. Quando soube que eu mantinha um diário, disse: "Nunca escondi nada da minha mãe... mas eu não sou sua mãe, sou?" Depois disso, nunca mais foi. Quando eu quis aprender a tocar o piano dela, ela disse: "Quando você voltar da escola, o piano já estará vendido." E estava.

Mas, deitada ali na cama, fingindo não ver a lanterna, fingindo dormir, e depois me enterrando no cheiro de

Helen, pude acreditar que não tinha acontecido nada — porque na verdade não tinha. Não daquela vez.

Eu não sabia que ela deixara Helen dormir lá em casa porque estava procurando provas. Havia interceptado uma carta. Tinha visto nós duas de mãos dadas. Tinha percebido a forma como nos olhávamos. A cabeça de Mrs. Winterson era corrompida, e não havia espaço nela para o lugar limpo e livre que Helen e eu havíamos construído

Mrs. Winterson não disse nada na manhã seguinte, nem por algum tempo. Mal falava comigo, mas com frequência desaparecia em seu próprio interior. As coisas estavam calmas, como antes de um ataque aéreo.

E então o ataque aéreo aconteceu.

Era um serviço religioso comum de domingo de manhã, e cheguei um pouco atrasada. Reparei que todos estavam olhando para mim. Cantamos, oramos, e então o pastor disse que dois membros do rebanho eram culpados de um pecado abominável. Leu o trecho de Romanos 1:26: *As mulheres mudaram seu uso natural no que é contrário à natureza...*

Logo que começou, eu soube o que ia acontecer. Helen rebentou em lágrimas e fugiu da igreja. Disseram-me que fosse com o pastor. Ele era paciente. Jovem. Não acho que queria problemas. Mas Mrs. Winterson queria problemas e tinha apoio da velha guarda. Haveria um exorcismo.

Ninguém podia acreditar que uma moça tão temente a Deus como eu tivesse feito sexo — e com outra mulher —, a não ser que houvesse um demônio envolvido.

Eu disse que não havia demônio algum. Disse que amava Helen.

Minha provocação tornou as coisas piores. Eu nem sabia que havia um demônio. Helen, por sua vez, descobriu o dela no mesmo instante e disse sim, sim, sim. Eu a odiei por aquilo. O amor valia tão pouco que podia ser abandonado tão facilmente?

A resposta era afirmativa. O erro que cometeram na igreja foi esquecer que eu começara minha pequena vida já sendo abandonada. O amor não se manteve quando eu nasci, e estava se fazendo em pedaços agora. Eu não queria acreditar que o amor fosse coisa tão frágil. Fiquei mais firme porque Helen abandonara a luta.

Papai não teve nada a ver com o exorcismo, mas não tentou impedi-lo. Fez hora extra na fábrica, e foi minha mãe quem deixou os mais velhos entrarem em casa para o serviço de oração e renúncia. Eles faziam as orações — eu fazia a renúncia. Eles fizeram a parte deles. Eu não fiz a minha.

Espera-se que o demônio salte para fora do corpo do possuído, talvez ateie fogo nas cortinas ou voe para dentro do cachorro, que soltará espuma pela boca e deverá ser estrangulado. Em certas ocasiões, soube-se de demônios que habitaram peças de mobiliário. Houve um aparelho de rádio que abrigou um demônio — cada vez que a pobre mulher sintonizava nas *Canções de Louvor*, tudo que podia ouvir eram cacarejos maníacos. As válvulas do rádio foram enviadas para serem abençoadas e, depois de recolocadas, o demônio tinha ido embora. Poderia ter sido algo ligado ao mau contato, mas ninguém mencionou isso.

Os demônios fazem comida apodrecer, escondem-se em espelhos, vivem em Antros de Vício — prostíbulos e casas de apostas — e gostam de açougues. É o sangue...

Quando me trancaram na sala de casa, com as cortinas fechadas e sem comida nem calefação, eu estava bem certa de não possuir nenhum demônio. Depois de três dias, nos quais rezavam sobre meu corpo em turnos e não me permitiam dormir mais que algumas horas seguidas, eu estava começando a acreditar que tinha o inferno todo no coração.

No fim desse suplício, como eu ainda teimava, um dos mais velhos bateu em mim repetidamente. Eu não compreendia que estava pervertendo o plano de Deus para relacionamentos sexuais normais?

Eu disse: minha mãe não quer dormir na mesma cama que meu pai — esse é um relacionamento sexual normal?

Ele me fez ajoelhar para pedir perdão por aquelas palavras e senti a protuberância nas calças do seu terno. Ele tentou me beijar. Disse que seria melhor do que com uma garota. Muito melhor. Colocou a língua na minha boca. Eu o mordi. Sangue. Muito sangue. Desmaio.

Acordei na minha cama, no pequeno quarto que minha mãe tinha construído para mim quando conseguiu um empréstimo para fazer um banheiro dentro de casa. Eu adorava o meu quartinho, mas não era um lugar seguro. Minha mente estava limpa e clara. Era provavelmente efeito da fome, mas eu estava certa do que fazer. Eu faria qualquer coisa que eles quisessem, mas só pelo lado de fora. No meu interior eu ia construir um outro eu — que eles não pudessem ver. Como depois da queima dos livros.

Levantei-me. Havia comida. Eu comi. Minha mãe me deu uma aspirina.

Eu disse que sentia muito. Ela disse: "O que o berço dá, só a cova tira."

"Está falando da minha mãe?"

"Ela saía com homens aos 16 anos."

"Como sabe disso?"

Ela não respondeu. Disse apenas: "Você não vai sair desta casa, de dia ou de noite, até prometer que não vai mais encontrar com aquela garota."

Eu disse: "Prometo não encontrar mais com aquela garota."

Naquela mesma noite, fui até a casa da Helen. Estava às escuras. Bati na porta. Ninguém respondeu. Esperei, esperei e, depois de algum tempo, ela saiu pelos fundos. Estava apoiada na parede caiada e branca. Não olhava para mim.

Eles machucaram você? perguntou.

Sim. E você?

Não... Eu lhes disse tudo... O que fizemos...

Isso era nosso, não deles.

Tive que contar para eles.

Me dê um beijo.

Não posso.

Me dê um beijo.

Não volte aqui. Por favor, não venha mais.

Voltei para casa fazendo um longo desvio, para que ninguém me encontrasse, por acaso, vindo da casa da Helen. A loja de batatas estava aberta, e eu tinha dinheiro suficiente. Comprei um saquinho de batatas e sentei em uma mureta.

Então é assim: nem Heathcliff, nem Cathy, nem Romeu e Julieta, nem o amor como uma estrada através do mundo. Pensei que pudéssemos ir a qualquer lugar. Pensei que pudéssemos ser mapa e globo, rota e bússola. Pensei que éramos o mundo uma da outra. Pensei....

Não éramos amantes, éramos o amor.

Disse isso para Mrs. Winterson — não então, mais tarde. Ela compreendeu. Era uma coisa terrível para dizer a ela. Por isso eu disse.

Mas naquela noite havia apenas Accrington, as luzes da rua, as batatas, os ônibus e o lento trajeto de volta para casa. Os ônibus de Accrington eram pintados de vermelho, azul e ouro, as cores do Regimento Leste do Lancashire: os Companheiros de Accrington, famosos por serem pequenos, valentes e condenados — suas vidas foram ceifadas na batalha do rio Somme. Os ônibus ainda tinham seus para-lamas pintados de preto como sinal de respeito.

Tínhamos de nos lembrar. Não devíamos esquecer.

Você vai me escrever?

Eu não conheço você. Não posso conhecê-la. Por favor, não volte aqui.

Não sei o que aconteceu com Helen. Partiu para estudar Teologia e acabou se casando com um ex-soldado que estava treinando para ser missionário. Eu os encontrei certa vez, anos mais tarde. Ela virara presunçosa e neurótica. Ele era sádico e pouco atraente. Mas eu ia dizer coisas desse tipo sobre ela de qualquer maneira, não é mesmo?

Depois do exorcismo, entrei em uma espécie de estado mudo de infelicidade. Pegava minha barraca e ia dormir na horta. Não queria estar perto de ninguém. Meu pai estava infeliz. Minha mãe estava destemperada. Parecíamos refugiados em nossa própria vida.

7

Accrington

EU VIVIA EM UMA RUA longa e estreita com uma cidade na base e uma colina no topo.

A cidade fica ao pé da colina Hameldon ao Leste, e das colinas Haslingden ao Sul, e dessas colinas três riachos descem em direção ao Oeste, ao Noroeste e ao Norte, juntando-se perto da velha igreja e, como um único rio, fluem para o Oeste até Hyndburn. A cidade cresceu ao longo da estrada de Clitheroe para Haslingden e para o Sul, que em Accrington foi chamada sucessivamente de Whalley Road, Abbey Street e Manchester Road.

(*A History of the County of Lancaster, volume* 6, org. William Farrer & J. Brownbill, 1911)

A primeira menção à cidade de Accrington está no Domesday Book, que a descreve como um lugar cercado de carvalhos. O solo é composto de argila pesada, propício ao plantio de carvalho. A terra era de pasto pobre — para ovelhas e não arável —, mas, como o restante do Lancashire, Accrington fez dinheiro com o algodão.

James Hargreaves, o analfabeto do Lancashire que inventou a fiandeira mecânica em 1764 foi batizado e se casou em Accrington, embora tenha vindo de Oswaldtwistle (pronuncia-se como Ozzle-twizzle). A fiandeira mecânica era capaz de fazer o trabalho de oito rocas, e é de fato o começo dos teares do Lancashire e de seu domínio sobre o comércio mundial de algodão.

Oswaldtwistle era o povoado seguinte ao longo da estrada de Accrington e supostamente um lugar para imbecis e idiotas. Nós o chamávamos de Obtusolândia. Quando eu era pequena, havia lá uma fábrica de biscoitos para cães, e as crianças pobres costumavam esperar do lado de fora por sacos de restos para comer. Se você cuspir em um biscoito para cachorros e o mergulhar em açúcar de confeiteiro, fica com o mesmo gosto do biscoito comum.

Na escola primária para meninas, éramos constantemente ameaçadas com um futuro obscuro na fábrica de biscoitos para cães em Obtusolândia. Isso não impedia que as mais pobres levassem aqueles biscoitos para a escola. O problema era o formato de osso, que denunciava sua origem e, por algum tempo, a escola teve uma política de proibir os biscoitos para cachorros.

Minha mãe era uma esnobe que não gostava que eu me desse com as garotas dos biscoitos para cachorros de Oswaldtwistle. Na verdade, não gostava que eu me desse com ninguém e sempre dizia: "Fomos chamados para viver à parte." Isso parecia significar à parte de tudo e de todos, exceto da igreja. Em uma pequena cidade do Norte, na qual todos sabem da vida de todos, viver à parte é um emprego de tempo integral. Mas minha mãe precisava de uma ocupação.

Passávamos por Woolworths — "Um antro do vício". Por Marks and Spencer's — "Os judeus mataram cristo". Passávamos pela funerária e pela loja de tortas — "Eles compartilham o forno". Pela barraca de biscoitos e seus donos com cara de lua — "Incestuosos". Pela petshop — "Bestialidade". Pelo banco — "Usura". Passávamos pelo Escritório de Apoio aos Cidadãos — "Comunistas". Pela creche — "Mães solteiras". Pelo salão de beleza — "Vaidade". Pela casa de penhores, onde certa vez minha mãe tentou penhorar seu dente de ouro maciço, e chegávamos até uma lanchonete chamada Palatine, para comer feijão na torrada.

Minha mãe adorava o feijão na torrada da Palatine. Era seu luxo, e ela economizava para que pudéssemos ir lá no dia da feira.

A feira de Accrington era um grande mercado, com lojas e barracas nas ruas, com depósitos entulhados de batatas sujas e de repolhos gordos. Havia barracas que vendiam produtos de limpeza direto de barris. Você trazia sua própria garrafa para o alvejante e seu próprio galão para a soda cáustica. Havia um lugar que só vendia mexilhões, caranguejos e enguias, e uma barraca em que se compravam biscoitos de chocolate em saquinhos de papel.

Na feira, você podia fazer uma tatuagem, ou comprar um peixinho-dourado e cortar o cabelo pela metade do preço de um salão de beleza. Vendedores gritavam suas ofertas — "Eu não vou lhe dar uma, não vou lhe dar duas, vou lhe dar três pelo preço de uma. O que é isso, senhorita? Sete pelo preço de duas? Quantas crianças você tem? Sete? E seu marido sabe? Como é que é? É tudo culpa dele. Homem de sorte. Então, aqui está, e reze por mim quando eu morrer..."

E faziam demonstrações das mercadorias — "Isso vai LIIIM-PAR! Isso vai ASSS-PIRAR. Isso vai limpar a parte de cima das cortinas e a parte de trás do forno... O segredo está nos bicos. O que, senhorita? Não gosta da aparência do meu bico?"

Quando o primeiro supermercado abriu em Accrington não fez nenhum sucesso, porque os preços podiam ser baixos, mas eram fixos. Nas feiras, nada era estabelecido; você pechinchava por uma barganha. Era parte do prazer, e o prazer estava no teatro do cotidiano. Os depósitos já eram um espetáculo em si. Mesmo que você fosse tão pobre que tivesse de esperar para comprar sua comida no finzinho do dia, ainda assim podia passar um tempo divertido na feira. Havia pessoas para conhecer e coisas para ver.

Não sou fã de supermercados e odeio fazer compras neles, mesmo o que não posso conseguir em outros lugares, como ração para gatos e sacos de lixo. Grande parte da minha antipatia pelos supermercados é a perda da vivacidade. A tediosa apatia da existência, nos dias de hoje, não é criada apenas por empregos e por programas de TV maçantes; é a perda da vida nas ruas: as fofocas, os encontros, o dia puxado, bagunçado, ruidoso em que havia lugar para todo mundo, com ou sem dinheiro. E se você não pudesse pagar um aquecimento para a sua casa, podia ir para o galpão da feira. Cedo ou tarde alguém lhe pagava uma xícara de chá. Assim eram as coisas.

Mrs. Winterson não gostava de ser vista barganhando e procurando pechinchas — ela deixava isso para meu pai e ia para a Palatine. Sentava-se à minha frente na mesa abafada adiante da janela, fumando seus cigarros e pensando sobre o meu futuro.

"Quando você crescer, vai ser missionária."

"Para onde é que eu vou?"

"Para longe de Accrington."

Não sei por que ela odiava tanto Accrington, mas ela odiava, e mesmo assim não ia embora. Quando saí de lá, foi como se eu a tivesse aliviado e traído ao mesmo tempo. Desejava que eu fosse livre e fez tudo o que pôde para assegurar que isso nunca aconteceria.

Accrington não é famosa por muita coisa. Tem o pior time de futebol do mundo — o Accrington Stanley — e uma vasta coleção de vitrais da Tiffany, doada por Joseph Briggs, homem de Accrington que conseguiu sair de lá e que fez nome e fortuna em Nova York, trabalhando para a Tiffany.

Se esses pedaços de Nova York vieram para Accrington, pedaços muito maiores de Accrington foram levados para Nova York. Entre suas esquisitices, Accrington costumava fazer os tijolos mais duros do mundo — há minério de ferro na argila pesada de lá, e isso dá aos tijolos sua conhecida cor vermelho vibrante, assim como sua notável resistência.

Os tijolos são conhecidos como tijolos Nori porque alguém disse que eram duros como ferro ("iron") e estampou neles essa palavra, mas por engano o fez de trás para frente — e assim ficaram conhecidos como Nori.

Milhares desses tijolos foram para Nova York para construir as fundações do Empire State Building, de 443,2 metros de altura. Pense em *King Kong* e pense em Accrington. Era o tijolo Nori que segurava o gorila enquanto balançava Fay Wray de um lado para o outro. Costumávamos ter sessões especiais de *King Kong* no pequeno cinema da cidade e havia sempre um cinejornal sobre os tijolos. Ninguém jamais tinha ido a Nova York, mas nos sentíamos pessoalmente responsáveis pelo seu sucesso como a cidade mais moderna do mundo, com o edifício mais alto do mundo apoiado em tijolos de Accrington.

Os famosos tijolos tinham uma vida doméstica também. Walter Gropius, o arquiteto da Bauhaus, usou os tijolos Nori em seu único edifício residencial na Inglaterra — o nº 66 da Old Church Street, em Chelsea, Londres.

Ao contrário do Empire State Building, ninguém pensava muito na obra de Gropius, mas todos sabiam tudo sobre aquele prédio. Tínhamos de que nos orgulhar em Accrington.

O dinheiro gerado pelas fábricas e pela indústria de algodão foi usado para construir o galpão da feira, o prédio da prefeitura, o hospital Victoria, o Instituto de Mecânica, e mais tarde, em parte, a biblioteca pública.

Parece tão fácil, hoje em dia, destruir bibliotecas — sobretudo tirando delas todos os livros — e dizer que livros e bibliotecas não são relevantes para a vida das pessoas. Fala-se muito sobre colapso social e alienação, mas como poderia ser diferente se nossas ideias de progresso removem os centros que tanto fizeram para conservar as pessoas unidas?

No Norte da Inglaterra, as pessoas se encontravam na igreja, no pub, na feira e naqueles edifícios filantrópicos em que podiam melhorar sua educação e cultivar seus interesses. Hoje em dia, talvez, reste o pub — mas, em geral, não resta quase nada.

A biblioteca era minha porta para outros lugares. Mas havia outras portas — não decoradas, nem municipais, mas prosaicas e escondidas.

Havia uma loja de objetos de segunda mão, um mercado de pulgas, em algum lugar debaixo do viaduto de

Accrington, último exemplo das comunidades de trapeiros do século XIX. Havia uma carroça que percorria as ruas quase todas as semanas e na qual as pessoas jogavam o que não queriam mais e barganhavam para levar para casa o que queriam. Nunca soube o nome do homem que puxava a carroça, mas ele tinha um cão da raça jack russell terrier chamado Nip, que ficava em cima do carro, latindo e tomando conta dos farrapos.

Debaixo do viaduto havia um portão de metal do tipo usado nas prisões. Passando por ele, uma passagem mumificada cheia de colchões de crina de cavalo em péssimo estado. O trapeiro pendurava os colchões em ganchos de açougue, como carcaças, os ganchos enfiados nas molas de aço.

Caminhando mais um pouco, a passagem se abria para um pequeno quarto que soprava fumaça na sua cara. O sopro quente era de um aquecedor de chama — um jato furioso de gás e fogo que o trapeiro usava para se manter aquecido.

Aquele era o tipo de lugar que vendia carrinhos de bebê de antes da guerra, com rodas do tamanho de pedras de moinho e capotas de lona com armação de ferro. A lona estava sempre mofada e rasgada, e algumas vezes o trapeiro colocava uma boneca de cabeça de porcelana debaixo da capota, com olhos vidrados, atentos e malévolos. Havia centenas de cadeiras, a maior parte delas sem um pé, como sobreviventes de um bombardeio. Havia gaiolas de canários enferrujadas e bichos de pelúcia quase sem pelúcia, colchas de retalhos e carrinhos de carga. Havia banheiras e tábuas de lavar de estanho, ferros de passar roupa e comadres.

Se você abrisse caminho por entre os candeeiros vitorianos e as colchas de retalhos, se engatinhasse por debaixo de aparadores de nogueira sem portas e bancos de igreja cerrados pela metade, se conseguisse passar pelas tumbas quentes, secas e sem ar de camas ainda tuberculosas, e pelos lençóis pendurados como fantasmas — as roupas perdidas pelas fileiras de desempregados, que vendiam tudo e dormiam em sacos —, toda aquela miséria suada, se conseguisse forçar a passagem para além dos triciclos de crianças com uma roda só, dos cavalinhos de madeira sem crinas e das bolas de futebol furadas, com o couro imundo, então você chegava aos livros.

ChatterBox Annual [Anuário do tagarela], 1923. *The Gollywog News* [Notícias de Gollywog], 1915. *Empire for Boys* [Jogos para meninos], 1911. *Empire for Girls* [Jogos para meninas]... *The Astral Plane* [O plano astral], 1913. *How to Keep a Cow* [Como criar vacas]. *How to Keep a Pig* [Como criar porcos]. *How to Keep House* [Como cuidar da casa].

Eu amava aqueles livros — a vida era tão simples. Você decidia de que gostaria de cuidar — gado, propriedade rural, esposa, abelhas —, e os livros lhe diziam como fazê-lo. Inspirava confiança...

E no meio daquelas coisas, como a sarça ardente, coleções completas de Dickens, das Brontë, de Sir Walter Scott. Eram baratos, e eu os comprava. Metia-me no labirinto de depósitos depois do trabalho. Sabia que estaria aberto: o trapeiro sempre ficava ouvindo seus antigos discos de ópera em uma daquelas rádio-vitrolas com botões de baquelita e um braço que se movia sozinho até tocar a negra superfície do disco de vinil que girava.

Que faro senza Euridice?
Que faro senza il mio bene?
Que faro? Dove andró senza
Il mio bene?
*Euridice! Euridice!**

Era Kathleen Ferrier** — a contralto nascida em Blackburn, a dez quilômetros de Accrington — cantando. A telefonista que ganhou um concurso de canto e ficou tão famosa quanto Maria Callas.

Mrs. Winterson tinha ouvido Kathleen Ferrier cantar no Blackburn Town Hall e gostava de tocar no piano o repertório dela. Frequentemente, cantava em seu próprio estilo aquela famosa ária do Orfeu, de Glück — *Que faro senza Euridice?*

Não tínhamos tempo para a morte. A guerra, o Apocalipse e a vida eterna faziam a morte parecer ridícula. Morte/vida. O que isso importava conquanto você salvasse sua alma?

"Quantos homens você matou, papai?"

"Não lembro. Vinte. Matei seis com a minha baioneta. Eles davam as balas somente para os oficiais. Não para nós. Eles diziam: 'Não temos balas, usem as baionetas.'"

Meu pai sobreviveu aos desembarques do dia D. Nenhum dos amigos dele conseguiu.

---

*Que farei sem Eurídice?/ Que farei sem o meu bem?/ Que farei; aonde irei sem o meu bem Eurídice! Eurídice, da ópera Orfeu e Eurídice, de Christoph Willibald Glück. (*N. do T.*)

**Importante cantora lírica inglesa do século XX, cujas gravações antigas foram cuidadosamente recuperadas por conta de sua excepcional qualidade artística. (*N. do T.*)

E na guerra anterior, a Primeira Guerra Mundial, Lord Kitchener decidira que homens que eram amigos seriam melhores soldados. Accrington conseguiu enviar 720 homens — os companheiros de Accrington — para Serre, na França. Treinaram na colina que ficava no topo da minha rua e partiram para ser heróis. Em 1º de julho de 1916, na batalha do rio Somme, marcharam em fileiras sólidas que não vacilaram diante das metralhadoras alemãs: 586 deles foram mortos ou feridos.

No mercado de pulgas, nós nos sentávamos ao lado da rádio-vitrola. O trapeiro me deu para ler um poema sobre um soldado morto. Disse que fora escrito por Wilfred Owen, um jovem poeta morto em 1918. Sei o começo agora, não o sabia naquela época... mas não pude esquecer o fim...

*And in his eyes/ The cold stars lighting, very old and bleak/ In different skies.**

Com frequência eu passava as noites ao ar livre — caminhando de volta para casa ou de castigo na soleira da porta —, de modo que passei muito tempo contemplando as estrelas e me perguntando se pareceriam iguais vistas de outro lugar que não fosse Accrington.

Os olhos da minha mãe eram como estrelas frias. Ela pertencia a um céu diferente.

Algumas vezes, quando não havia dormido nada durante a noite, ficava esperando que a loja da esquina abrisse de manhã enquanto fazia um creme de ovos. As manhãs de creme de ovos me deixavam nervosa. Quando eu voltava

---

*E em seus olhos/ As frias estrelas brilhando, muito antigas e desoladas/ em céus diferentes. (*N. do T.*)

da escola não havia ninguém em casa — papai estaria trabalhando e ela teria feito um Desaparecimento. Então eu dava a volta pelo beco de trás, subia no muro e via se ela havia deixado a porta dos fundos aberta. Geralmente ela fazia isso se fosse um Desaparecimento, e o creme de ovos estaria ali, debaixo de um pano, com algum dinheiro para que eu fosse à loja e comprasse uma torta salgada.

O único problema era quando as portas estavam trancadas, o que significava pular o muro outra vez, voltar com a torta e rezar para que, no último pulo, a torta não esmigalhasse. Cebola e batata para mim, carne e cebola para o papai, quando ele chegasse em casa.

Na loja da esquina sempre sabiam que ela havia Desaparecido.

"Ela vai voltar amanhã, Connie vai voltar. Ela sempre volta."

E era verdade. Ela sempre voltava. Nunca perguntei aonde ela ia e até hoje não sei. Nunca mais comi creme de ovos também.

Havia muitas lojas de esquina em Accrington. As pessoas as abriam nos cômodos de frente das casas e viviam na parte de cima. Havia padarias, lojas de salgados, vendas de legumes e lojas que vendiam balas em jarras.

A melhor loja de doces era de duas senhoras que podiam ou não ser amantes. Uma era bastante jovem, e a mais velha usava sempre uma balaclava, um capuz de lã. Não aquela versão que cobre todo o rosto, mas ainda assim era uma balaclava. E ela tinha bigode. Mas muitas mulheres tinham bigode naqueles dias. Nunca conheci ninguém que raspasse nada, e não me ocorreu raspar-me em nenhum lugar até que apareci em Oxford parecendo um lobisomem.

Mas suspeito que minha mãe tivesse visto *Triângulo feminino* (1968), filme no qual Beryl Reid interpreta uma lésbica de voz estridente que atormenta com sadismo a namorada loura e mais jovem chamada Childie. É um filme magnífico e inquietante, mas não a ponto de ganhar Mrs. Winterson para a causa dos direitos dos homossexuais.

Ela adorava ir ao cinema, mesmo que não fosse permitido e que ela não pudesse bancar a despesa. Sempre que passávamos pelo Cinema Odeon ela olhava atentamente os cartazes e, algumas vezes, quando sumia em um de seus Desaparecimentos, acho que ia ao Odeon.

Seja qual fosse a verdade da história, chegou o dia em que fui proibida de entrar na loja de doces. Isso foi um golpe para mim, pois eu sempre ganhava das donas algumas jujubas de brinde. Quando importunei Mrs. Winterson sobre aquilo, ela disse que elas lidavam com paixões contrárias à natureza. Na época, presumi que isso significava que elas punham produtos químicos nos doces.

Minha outra loja favorita, também proibida, era o depósito de bebidas, onde mulheres com lenços na cabeça levavam sacolas de feira para comprar garrafas de cerveja de malte.

Apesar de serem proibidos, era nesses lugares que Mrs. Winterson conseguia seus cigarros, e ela me mandava sempre lá, recomendando: "Diga a eles que são para o seu pai."

Naquela época, todas as garrafas de bebida eram retornáveis, e cobrava-se um valor pelos cascos. Logo descobri que os cascos vazios eram deixados em caixas nos fundos das lojas e que era fácil pegar alguns e "devolvê-los" outra vez.

Essas lojas estavam cheias de homens e mulheres que praguejavam, falavam sobre sexo e sobre apostas em corridas de galgos, de modo que todo aquele dinheiro extra e o fato de ser proibido tornavam tudo muito excitante.

Quando penso nessas coisas agora, me pergunto por que era certo que eu fosse ao depósito de bebidas e comprasse cigarros, mas era errado que eu ganhasse jujubas de um casal de mulheres que eram felizes juntas, mesmo que uma delas usasse uma balaclava.

Acho que Mrs. Winterson tinha medo da felicidade. Jesus deveria fazer você feliz, mas não fazia, e se você ficasse esperando pelo Apocalipse que nunca vinha, era bem possível que acabasse desapontada.

Ela achava que "feliz" significava mau/errado/pecaminoso. Ou simplesmente estúpido. "Infeliz" era uma palavra que parecia ter virtudes associadas a ela.

Mas havia exceções. A tenda evangélica era uma exceção, a louça Royal Albert era uma exceção. E também o Natal. Connie amava o Natal.

Em Accrington sempre havia uma enorme árvore de Natal em frente ao galpão da feira, e o Exército da Salvação cantava canções natalinas ali durante a maior parte de dezembro.

Na época do Natal, o sistema de trocas funcionava a pleno vapor. Podíamos oferecer couves-de-bruxelas com talo da nossa horta, maçãs embrulhadas em papel de jornal para fazer molhos e, melhor que tudo, licor de cereja feito uma vez ao ano da cerejeira morello do nosso pátio, que ficava guardado durante seis meses no fundo de um armário a caminho de Nárnia.

Trocávamos nossos produtos por enguias defumadas, crocantes como vidro ralado, e por um bolo que vinha embrulhado em pano — um bolo feito da maneira adequada, duro como uma bala de canhão e salpicado de frutas como o ovo de um pássaro gigante. Era cortado em fatias, derramávamos licor de cereja sobre ele e acendíamos um fósforo. Meu pai apagava a luz da sala e minha mãe trazia o pudim para a mesa. As chamas iluminavam o rosto dela. O fogo do carvão iluminava meu pai e a mim. E ficávamos felizes.

Todo ano, no dia 21 de dezembro, minha mãe saía de chapéu e casaco — sem dizer aonde ia — enquanto meu pai e eu pendurávamos correntes de papel colorido feitas por mim dos cantos da cornija da sala até o lustre do centro. Minha mãe regressava no que parecia ser uma tempestade de granizo, embora talvez aquele fosse seu clima pessoal. Ela trazia um ganso metade para dentro, metade para fora da sacola de compras, a cabeça torcida pendurada de lado como um sonho que ninguém podia lembrar. Ela me dava aquilo, ganso e sonho, e eu arrancava as penas e as colocava em um balde. Guardávamos as penas para estofar o que quer que precisasse de estofamento e guardávamos a espessa gordura do ganso para corar batatas durante o inverno. Exceto por Mrs. W, que tinha problema de tireoide, todas as pessoas que conhecíamos eram magras como espetos. Nós precisávamos de gordura de ganso.

O Natal era a única época do ano em que minha mãe saía pelo mundo, como se ele fosse algo mais que um Vale de Lágrimas.

Ela se vestia bem e ia às minhas apresentações na escola — e isso significava usar o casaco de pele da mãe dela e uma tiara de plumas negras. A tiara e o casaco eram da década de 1940, e estávamos nos anos 1970, mas ela causava boa impressão: sempre teve boa postura e, como todo o Norte da Inglaterra esteve na década errada até os anos 1980, ninguém notava.

As apresentações eram extremamente pretensiosas. A primeira metade consistia em algo assustador como o *Requiem*, de Fauré, ou o *St. Anthony Chorale*, e requeria toda a potência do coro e da orquestra. Geralmente havia um solista ou dois da Orquestra Hallé de Manchester.

Tínhamos uma professora de música que tocava violoncelo na Orquestra Hallé. Era uma dessas mulheres cheias de energia, porém, encurralada, de uma geração especial, que são meio loucas porque estão encurraladas, e meio geniais pelo mesmo motivo. Ela queria que suas meninas soubessem música — para cantar, para tocar, e para não fazer concessões.

Nós tínhamos pânico dela. Se fosse tocar piano nas reuniões da escola, tocaria Rachmaninov, seu cabelo escuro caindo em cima do Steinway, as unhas sempre vermelhas.

A canção escolhida da Accrington High School for Girls foi "Exaltemos agora os grandes homens", uma escolha desastrosa para uma escola só de meninas, mas que me ajudou a virar feminista. Onde estavam as grandes mulheres — na verdade, qualquer mulher —, e por que não as estávamos exaltando? Prometi a mim mesma que ficaria famosa e que voltaria e seria exaltada.

Isso parecia pouco provável, pois eu era uma péssima aluna, desatenta e problemática, e meus boletins, entrava ano e saía ano, eram terríveis. Eu não conseguia me concentrar e não entendia muita coisa do que me estava sendo dito.

Só era boa em uma coisa: palavras. Eu tinha lido mais, muito mais, do que qualquer outra aluna, e sabia como as palavras funcionavam, do mesmo modo que alguns rapazes sabiam como os motores funcionavam.

Mas era Natal, a escola estava iluminada, e Mrs. Winterson usava seu casaco de pele e sua tiara de pássaro. Meu pai estava de banho tomado, barbeado, eu caminhava entre os dois e tudo parecia normal.

"Essa é a sua mãe?", perguntou alguém.

"Em grande parte", respondi.

Anos mais tarde, quando regressei a Accrington depois do meu primeiro semestre em Oxford, estava nevando e eu caminhava pela longa rua que vinha da estação de trem, contando os postes de luz. Cheguei perto da Water Street nº 200 e a ouvi antes de vê-la, de costas para a janela que dava para a rua, muito ereta, muito grande, tocando "No inverno desolador" em seu novo órgão, com um toque de jazz e címbalos.

Olhei para Mrs. Winterson através da janela. Sempre foi através da janela — havia uma barreira entre nós, transparente, porém real. Mas não está dito na Bíblia que vemos através de um vidro escuro?

Ela era minha mãe. Ela não era minha mãe.

Toquei a campainha. Ela se virou. "Pode entrar, pode entrar, a porta está aberta."

8

O Apocalipse

M RS. WINTERSON NÃO ERA uma mulher acolhedora. Se alguém batia na porta, ela corria pelo corredor e enfiava o atiçador na caixa do correio.

Eu a lembrava de que os anjos muitas vezes vinham disfarçados, e ela dizia que era verdade, mas que não vinham vestidos de poliéster.

Parte do problema é que não tínhamos banheiro, e ela se sentia envergonhada por isso. Poucas pessoas tinham banheiros, mas eu não podia convidar amigos da escola, pois eles poderiam querer fazer uso de um. Então teriam de ir lá fora, e descobririam que não tínhamos banheiro.

Na verdade, isso era o menos importante. Um desafio maior que o encontro gelado com o banheiro externo, para os que não tinham fé, era o que os esperava quando chegassem lá.

Livros não eram permitidos, mas vivíamos em um mundo de imprensa. Mrs. Winterson escrevia exortações e as colava pela casa toda.

Debaixo do gancho do meu casaco, um cartaz dizia PENSE EM DEUS, NÃO NO DIABO.

Em cima do forno a gás, em uma embalagem de pão, estava escrito O HOMEM NÃO DEVE VIVER APENAS DE PÃO.

No banheiro externo, logo à frente de quem passava pela porta, havia um armário. Os que ficavam em pé podiam ler: NÃO SE DEMORE COM AS COISAS DO SENHOR.

Aqueles que se sentavam, liam: ELE DERRETERÁ VOSSAS ENTRANHAS COMO SE FOSSEM DE CERA.

Isso era pensamento positivo: minha mãe sofria de problemas intestinais. Tinha algo a ver com o pão branco que não podíamos pagar.

Quando eu ia para a escola, minha mãe colocava citações das Escrituras nas minhas botas. Na hora das refeições, havia um rolinho de papel da Caixa de Promessas ao lado do prato de cada um de nós. Uma Caixa de Promessas é uma caixa com textos bíblicos enrolados, como as frases feitas que você encontra nos biscoitos de Natal, só que com mensagens sérias. Os rolinhos ficam em um canto, você fecha os olhos e pega um. Pode ser confortador: NÃO DEIXE SEU CORAÇÃO SER PERTURBADO NEM O DEIXE TER MEDO. OU pode ser assustador: OS PECADOS DOS PAIS SERÃO VISITADOS PELOS FILHOS.

Alegres ou deprimentes, eram leitura, e ler era o que eu queria fazer. Alimente-se de palavras; calce palavras; e elas se transformarão em pistas. Uma por uma, eu sabia que me levariam a algum lugar.

A única vez que Mrs. Winterson atendeu a porta com prazer foi quando soube que os mórmons estavam chegando. Esperou no vestíbulo e, antes que eles pudessem bater à porta, ela já a havia escancarado, agitando a Bíblia e alertando-os sobre a danação eterna. Foi um pouco confuso para os mórmons, porque pensavam que eles é que estavam encarregados da danação eterna. Mas Mrs. Winterson era uma candidata melhor ao cargo.

Às vezes, se ela estivesse em um estado de ânimo sociável e alguém batesse à porta, deixava o atiçador em paz e me mandava pela porta dos fundos para que eu saísse correndo, desse a volta na esquina e espiasse quem batia. Eu corria de volta com a notícia e então ela decidia se a visita era bem-vinda ou não — e isso significava muito trabalho com o spray aromatizante, enquanto eu ia abrir a porta. Se, desencorajada com a falta de resposta, a visita já estivesse na metade do caminho rua abaixo, eu tinha de correr para trazê-la de volta, e minha mãe fingiria estar surpresa e satisfeita.

Eu não me importava: aquilo me dava uma chance de ir lá em cima e ler um livro proibido.

Acho que Mrs. Winterson deve ter lido muito em certa época da vida. Quando eu tinha 7 anos, ela leu *Jane Eyre* para mim. Isso foi considerado adequado porque havia um pastor na história — St John Rivers —, que era dedicado à causa missionária.

Mrs. Winterson lia em voz alta, virando as páginas. Acontece o terrível incêndio em Thornfield Hall e Mr Rochester fica cego, mas, na versão que Mrs. Winterson lia, Jane não se importava que seu amante tivesse ficado cego; ela se casa com St John Rivers mesmo assim e eles viajam juntos para trabalhar como missionários. Somente quando li *Jane Eyre* com meus próprios olhos descobri o que minha mãe tinha feito.

E ela o fazia muito bem, virando as páginas e inventando o texto de improviso, copiando o estilo de Charlotte Brontë.

O livro desapareceu quando eu cresci — talvez ela não quisesse que eu o lesse sozinha.

Concluí que ela escondia livros da mesma maneira que escondia todo o resto, inclusive seu coração, mas nossa casa era pequena e eu o procurei. Estávamos constantemente vasculhando a casa, nós duas, procurando evidências uma da outra? Acho que sim — Mrs. Winterson, porque eu era fatalmente desconhecida para ela, e ela tinha medo de mim. Eu, porque não tinha ideia do que estava faltando, mas sentia a falta de algo.

Nós nos circundávamos: cansadas, abandonadas, cheias de saudade. Chegamos a estar próximas, mas não o suficiente, e depois nos empurramos para longe uma da outra, para sempre.

Encontrei um livro, mas desejei não tê-lo feito. Estava escondido em uma cômoda alta, debaixo de uma pilha de flanelas, e era um manual sobre sexo dos anos 1950, chamado *How to Please Your Husband* [Como agradar seu marido].

Esse volume assustador poderia explicar por que Mrs. Winterson nunca teve filhos. Tinha diagramas, listas e dicas, e a maior parte das posições pareciam exemplos de um jogo de tormento físico para crianças chamado Twister.

Enquanto eu ponderava os horrores da heterossexualidade me dei conta de que não precisava sentir pena de nenhum dos meus pais: minha mãe não tinha lido o livro — talvez o tenha aberto uma vez, entendido a extensão da tarefa e deixado o manual de lado. O livro estava lisinho, novinho em folha, intacto. Mesmo que meu pai tenha vivido sem certas coisas, e realmente acho que eles jamais praticaram sexo, ele não teve que passar as noites com Mrs. Winterson com uma mão no pênis e a outra segurando o manual, enquanto ela seguia as instruções.

Lembro-me de ela ter me contado que, logo depois de terem casado, meu pai chegou em casa bêbado, e ela o trancou para fora do quarto. Ele quebrou a porta e ela jogou a aliança de casamento pela janela, na calçada. Ele saiu para procurar a aliança. Ela tomou o ônibus noturno para Blackburn. Isso foi oferecido como ilustração de como Jesus melhora um casamento.

A única educação sexual que minha mãe me deu foi uma ordem formal: "Nunca deixe um rapaz tocar você *lá embaixo*." Eu não tinha ideia do que ela queria dizer com isso. Parecia estar se referindo aos meus joelhos.

Teria sido melhor se eu tivesse me apaixonado por um rapaz e não por uma moça? Provavelmente não. Eu havia entrado no lugar temido por ela — o terror do corpo, a indefinição do seu casamento, a humilhação da sua mãe frente à infidelidade do pai. O sexo lhe dava nojo. E agora, quando ela me via, via sexo.

Eu tinha feito minhas promessas. E de todos os modos Helen tinha ido embora. Mas agora eu era alguém que queria estar nua com outra pessoa. Eu era alguém que havia amado a sensação de pele, de suor, de beijar, de gozar. Eu queria sexo e queria proximidade.

Inevitavelmente haveria outra amante. Ela sabia disso. Ela estava me vigiando. Inevitavelmente ela fez com que acontecesse.

Eu tinha terminado o ensino médio e o tinha feito de maneira precária. Repeti o quarto ano, passei no quinto e minha escola fechou, ou melhor, tornou-se uma escola secundária sem o sexto ano. Isso era parte da política educacional do governo trabalhista. Eu estava capacitada para entrar em uma escola técnica e fazer o segundo grau. Com alguns resmungos, Mrs. Winterson concordou, desde que eu trabalhasse no mercado, à noite e aos sábados, para contribuir com algum dinheiro para a casa.

Eu estava contente de sair da escola e ter um novo começo. Ninguém pensava que eu chegaria longe. O lugar que queimava dentro de mim parecia raiva e problemas para eles. Não sabiam quantos livros eu tinha lido ou o que eu estava escrevendo nas colinas, naqueles longos dias, sozinha. No topo da colina, olhando para a cidade, eu queria ver mais do que qualquer um tinha visto. Não era arrogância: era desejo. Eu era toda desejo, desejo pela vida.

E eu era solitária.

Mrs. Winterson tinha obtido sucesso nisso: sua própria solidão, impossível de romper, havia começado a emparedar a todos nós.

Era verão e tempo das férias anuais em Blackpool.

Essas férias consistiam em um passeio de ônibus até a famosa cidade balneária e uma semana passada numa pensão localizada numa rua secundária — não podíamos pagar por uma vista para o mar. Minha mãe ficava deitada em uma espreguiçadeira a maior parte do dia, lendo literatura sensacionalista sobre o Inferno, e meu pai andava por aí. Ele adorava caminhar.

À noite íamos todos jogar nas máquinas caça-níqueis. Aquilo não era considerado propriamente *jogar*. Quando ganhávamos, comíamos peixe com batatas fritas.

Quando eu era criança, ficava feliz com tudo isso, e acho que eles também eram felizes, naquelas férias breves, despreocupadas, uma semana por ano. Mas nossas vidas tinham ficado mais obscuras. Desde o exorcismo do ano anterior todos haviam ficado doentes.

Minha mãe começou a passar o dia inteiro na cama, por dias sem fim, e fazia meu pai dormir no andar de baixo, porque ela dizia que estava vomitando.

Depois teve ataques maníacos, nos quais ficava acordada o dia e a noite inteiros, tricotando, assando bolos, ouvindo rádio. Papai ia trabalhar — não tinha escolha —, mas parou de fazer algumas coisas. Ele costumava modelar animais de argila e colocá-los no forno do trabalho. Agora mal falava. Ninguém falava. E era época de sair de férias.

Minha menstruação havia parado de descer. Tive febre glandular e estava exausta. Eu gostava da escola técnica e de trabalhar no mercado, mas dormia dez horas por noite todas as noites, e foi a primeira vez, mas não a última, que ouvi, bem claramente, vozes que não estavam dentro da minha cabeça. Quer dizer, elas se apresentavam como se estivessem fora da minha cabeça.

Pedi para ficar em casa.

Minha mãe não disse nada.

Na manhã da partida, minha mãe fez duas malas, uma para meu pai e outra para ela, e saíram de casa. Caminhei pela rua com eles até a rodoviária. Pedi a chave de casa.

Ela disse que não podia confiar em mim sozinha na casa. Eu ia ficar com o pastor. Tinha sido combinado.

"Você não me disse isso."

"Estou dizendo agora."

O ônibus chegou. Os passageiros começaram a subir.

"Me dê a chave. Eu vivo ali."

"Voltamos no próximo sábado."

"Papai..."

"Você escutou o que a Connie disse..."

Eles entraram no ônibus.

Eu andava saindo com uma garota que ainda estava na escola — meu aniversário era no final de agosto, então sempre fui uma das mais jovens da turma. Essa garota, Janey, nascera em outubro, de modo que era uma das mais velhas da turma dela — academicamente estávamos separadas por um ano, mas apenas por um par de meses de idade. Ela iria para a faculdade no outono. Eu gostava muito dela, mas estava assustada demais para beijá-la. Ela era popular com os rapazes e tinha um namorado. Mas era a mim que ela queria ver.

Fui até a casa dela e contei o que havia acontecido. A mãe dela, que era uma mulher decente, deixou-me dormir no trailer deles, estacionado em frente à casa.

Eu estava com muita raiva. Fomos dar uma volta e arranquei uma porteira de fazenda de suas dobradiças e a joguei no rio. Janey abraçou-me e disse: "Vamos entrar lá à força. É a sua casa."

Aquela noite, pulamos o muro do pátio. Meu pai deixava algumas ferramentas em um pequeno galpão, e encontrei um pé de cabra e um martelo. Arrombei a porta da cozinha.

Estávamos dentro.

Parecíamos crianças. Éramos crianças. Esquentamos uma torta de carne Fray Bentos — costumavam ser vendidas em embalagens no formato de prato — e abrimos algumas latas de ervilhas. Havia uma fábrica de conservas em nossa cidade e as latas de comida eram baratas.

Tomamos um pouco daquela bebida engarrafada que todos gostavam chamada salsaparrilha — tinha gosto de alcaçuz e melaço, era preta, espumante e vendida em garrafas sem rótulo em uma barraca do mercado. Eu sempre comprava salsaparrilha quando tinha dinheiro, e comprava para Mrs. Winterson também.

A casa tinha um aspecto agradável. Mrs. Winterson a estivera decorando. Era especialista em medir e colocar papel de parede. O trabalho do meu pai era misturar a cola, cortar os pedaços de papel de parede sob as instruções dela e depois lhe passar as tiras pela escada, para que ela pudesse colá-las e em seguida tirar as bolhas de ar com uma escova.

Naturalmente, a operação tinha o estilo dela. Como boa compulsiva-obsessiva que era, só parava quando estava tudo terminado.

Cheguei em casa. Ela estava na escada cantando "Sua âncora aguentará as tempestades da vida?"

Meu pai queria seu jantar, porque tinha de ir trabalhar, mas tudo bem, porque o jantar estava pronto no forno.

"Você vai descer, Connie?"

"Não até terminar."

Meu pai e eu nos sentamos na sala em silêncio, comendo nossa carne moída com batata. Sobre nós ouvia-se o "shrrr shrrrr" da escova de papel de parede.

"Você não quer comer nada, Connie?"

"Não se preocupe comigo. Vou comer um sanduíche na escada."

Então era preciso fazer o sanduíche, levá-lo para ela e estendê-lo até a escada como se estivéssemos alimentando um animal perigoso no jardim zoológico. Ela se sentava ali, com um lenço na cabeça para evitar estragar seu permanente, sua cabeça na altura do teto, comendo seu sanduíche e olhando para nós.

Papai foi trabalhar. A escada se moveu um pouco pelo quarto, mas ela ainda estava em cima dela. Fui dormir e quando acordei na manhã seguinte para ir à escola, lá estava ela, com uma xícara de chá, em cima da escada.

Teria passado a noite toda ali? Teria subido quando me ouviu descendo?

Mas a sala estava decorada.

Janey e eu éramos ambas do tipo intenso de olhos escuros, embora ela risse mais que eu. O pai dela tinha um bom emprego, mas existia certa preocupação de que podia perdê-lo. A mãe dela trabalhava e eram quatro crianças. Ela era a mais velha. Se o pai perdesse o emprego, Janey teria de sair da escola e começar a trabalhar.

Todo mundo que a gente conhecia pagava à vista. Se você não podia pagar à vista, não podia pagar. Pedir dinheiro emprestado era visto como o caminho para a ruína. Meu pai, que morreu em 2008, nunca teve um cartão de crédito ou de débito. Ele tinha apenas uma conta poupança numa cooperativa.

Janey sabia que o pai dela tinha pedido um empréstimo e que um homem vinha cobrá-lo toda sexta-feira. Ela temia esse homem.

Eu disse a ela para não ter medo. Disse que chegaria o dia em que nunca mais teríamos medo.

Nós nos demos as mãos. Fiquei pensando em como seria ter uma casa minha, onde eu pudesse ir e vir, onde as pessoas seriam bem-vindas, onde eu nunca mais teria medo...

Escutamos a porta da frente se abrir. Cachorros latiam. A porta da sala foi escancarada. Dois dobermans entraram correndo, rosnando e arranhando o piso. Janey gritou.

Atrás dos dobermans estava o irmão da minha mãe — o tio Alec.

Mrs. Winterson tinha imaginado que eu tentaria entrar em casa. Ela sabia que eu pularia o muro dos fundos. Havia pagado um vizinho para telefonar para ela, na pensão de Blackpool. O vizinho havia me visto, fora até o telefone público, ligara para Blackpool e falara com minha mãe. Minha mãe telefonou para o irmão.

Mamãe detestava o irmão. Não havia nada entre eles a não ser ódio. Ele tinha herdado a oficina mecânica do pai deles, e ela tinha sido deixada sem nada. Todos os cuidados médicos com a mãe, todos aqueles anos cuidando do vovô, preparando as refeições dele, lavando as roupas dele, tinham-na deixado sem nada, a não ser uma casa miserável. O irmão, por sua vez, era dono de um florescente negócio de posto de gasolina e garagem.

O tio Alec me disse para sair. Eu disse que não ia sair. Ele disse que soltaria os cachorros para que me obrigassem a sair. Ele falava sério. Disse que eu era ingrata.

"Eu avisei a Connie para não adotar ninguém. Você nunca sabe o que pode pegar."

"Vai se danar!"

"Quê?

"Vai se danar!"

Uma bofetada. Direto no meu rosto. Janey começou a chorar. Eu estava com o lábio partido. O tio Alec estava vermelho, furioso.

"Vou te dar cinco minutos: depois volto para cá e você vai desejar nunca ter nascido."

Mas eu nunca tinha desejado isso e não começaria por causa dele.

Ele saiu e escutei quando entrou no carro e ligou o motor. Eu podia escutar o ronco do motor ligado. Corri para o andar de cima e peguei algumas roupas, depois fui para a despensa de guerra e juntei um monte de latas de comida. Janey pôs tudo na sacola dela.

Saímos pulando o muro, para que o tio Alec não pudesse nos ver. Assim ele entraria correndo depois dos seus cinco minutos e gritaria para o vazio.

Senti frio por dentro. Não sentia nada dentro de mim. Eu podia tê-lo matado. Eu o teria matado. Eu o teria matado sem sentir nada.

Os pais da Janey tinham saído e a avó ficara cuidando das crianças. Os meninos tinham ido dormir. Eu estava sentada no chão do trailer. Janey apareceu e colocou seus braços ao meu redor, depois me beijou. Beijou-me de verdade.

Eu estava chorando e a beijava. Tiramos as roupas e nos metemos na pequena cama do trailer. Eu me lembrei, meu corpo se lembrou, de como era estar em um lugar e ser capaz de simplesmente estar ali — sem estar vigilante, sem estar preocupada, sem estar com a cabeça em outro lugar.

Caímos no sono? Devemos ter feito isso. Os faróis de um carro iluminaram o trailer. Os pais dela estavam chegando em casa. Senti meu coração bater rápido demais, mas as luzes não eram um alerta. Estávamos a salvo. Estávamos juntas.

Ela tinha belos seios. Era muito bonita, com um triângulo de pelo preto grosso e vasto na bifurcação das pernas, cabelo escuro nas axilas e em uma linha de pelos da barriga até a região púbica.

De manhã cedo, quando acordamos, ela disse: "Eu te amo. Eu te amo há séculos."

"Eu estava assustada demais", respondi.

"Não fique", disse ela. "Não mais.˙

A pureza dela era como a da água: fria, profunda e transparente até o fundo. Sem culpa. Sem medo.

Janey contou à mãe dela sobre nós, e foi alertada para não contar nada ao pai nem o deixar descobrir nada.

Pegamos nossas bicicletas. Pedalamos trinta quilômetros e fizemos amor atrás de uma cerca viva. A mão de Janey ficou coberta de sangue. Minha menstruação havia descido.

No dia seguinte, pedalamos até Blackpool. Fui ver minha mãe e lhe perguntei por que havia feito aquilo. Por que me trancara para fora? Por que não confiava em mim? Não lhe perguntei por que não me amava mais. Amor era uma palavra que não podíamos usar entre nós. Não era um simples você me ama?/Você não me ama? O amor não era uma emoção; era o local da explosão entre nós.

Ela olhou para Janey. Olhou para mim. E disse: "Você não é minha filha."

Isso pouco interessava. Era tarde demais para frases como aquela. Eu tinha uma linguagem própria e não era a dela.

Janey e eu éramos felizes. Íamos à escola. Víamo-nos todos os dias. Eu tinha começado a ter aulas de direção em um Mini-Cooper caindo aos pedaços, em uma estrada de terra abandonada. Vivia em meu próprio mundo de livros e amor. O mundo era cheio de vida e intocado. Eu me sentia livre de novo — acho que porque era amada. Levei flores para Mrs. Winterson.

Quando voltei para casa aquela noite, as flores estavam em uma jarra sobre a mesa. Olhei para elas... Os talos estavam na jarra. Ela havia cortado as cabeças das flores e as jogara na lareira apagada. O fogo estava preparado para ser aceso e, sobre o leito de carvão negro, estavam as cabeças brancas dos pequenos cravos que eu havia levado.

Minha mãe estava sentada na cadeira, em silêncio. Eu não disse nada. Olhei para a sala, pequena e enfeitada, para os patos de bronze que voavam sobre o consolo da lareira, para o quebra-nozes de bronze em forma de crocodilo perto do relógio, para a arara de roupas que podíamos levantar e abaixar sobre o fogo, para o aparador com nossas fotografias. Aqui foi onde vivi.

Ela disse: "Não adianta. Eu sei o que você é."

"Não acho que saiba."

"Tocando. Beijando. Nuas. Juntas na cama. Você acha que não sei o que vocês andam fazendo?"

Muito bem... ia ser assim... sem esconder desta vez Sem um segundo eu. Sem segredos.

"Mãe... eu amo a Janey."

"E você fica em cima dela... corpos quentes, mãos por todos os lados..."

"Eu a amo."

130

"Eu te dei uma chance. Você voltou para o Demônio. Escute bem: ou você sai desta casa e não volta nunca mais ou deixa de ver aquela garota. Eu vou contar para a mãe dela."

"Ela sabe."

"Ela o quê?"

"A mãe dela sabe. Ela não é como você."

Mrs. Winterson ficou calada por um longo tempo e depois começou a chorar. "É pecado. Você vai para o Inferno. Corpos macios em todo o caminho para o Inferno."

Subi para o meu quarto e comecei a juntar minhas coisas. Eu não tinha ideia do que fazer depois.

Quando desci minha mãe estava sentada, absolutamente quieta, com o olhar perdido no espaço.

"Eu vou indo...", disse eu.

Ela não respondeu. Saí da sala. Caminhei pelo estreito e escuro corredor, os casacos nos ganchos. Nada a dizer. Eu estava na porta da frente. Eu a ouvi atrás de mim. Dei meia-volta.

"Jeanette, você vai me dizer por quê?

"Por que o quê?"

"Você sabe o quê..."

Mas eu não sei o quê... O que sou... Por que não lhe agrado. O que ela quer. Por que não sou o que ela quer. O que quero ou por quê. Mas há algo que sei: "Quando estou com Janey eu sou feliz. Apenas feliz."

Ela aquiesceu. Pareceu entender e pensei, realmente, naquele instante, que ela mudaria de ideia, que conversaríamos, que estaríamos do mesmo lado da parede de vidro. Esperei pelo que ela ia dizer.

Ela disse: "Por que ser feliz quando se pode ser normal?"

9

Literatura Inglesa de A a Z

A BIBLIOTECA PÚBLICA de Accrington tinha um exemplar de quase tudo. Tinha um da *Autobiografia de Alice B. Toklas* (1932), de Gertrude Stein.

Quando completei 16 anos só havia chegado até o M — sem contar Shakespeare, que não faz parte do alfabeto, assim como preto não é uma cor. Preto são todas as cores e Shakespeare é todo o alfabeto. Eu lia as peças e os sonetos do jeito que uma pessoa se veste a cada manhã. Ninguém se pergunta "Devo me vestir hoje?" (Nos dias em que você não se veste, não está bem o bastante, nem mental nem fisicamente, para ser capaz de perguntar — mas chegaremos a isso mais tarde.)

M era o poeta do século XVII Andrew Marvell. Depois do meu encontro com T.S. Eliot nos degraus da biblioteca, eu havia decidido adicionar poesia à lista de leitura. Poesia é mais fácil de aprender que prosa. Quando você aprende, pode usá-la como luz e raio laser. Ela mostra sua verdadeira situação e ajuda você a atravessá-la.

Marvell escreveu um dos mais maravilhosos poemas da língua inglesa — "À sua tímida amante". É aquele que começa com o verso:

Had we but world enough, and time... [Houvesse, dama, tempo e mundo à farta...]

Mundo suficiente, e tempo: eu era jovem, portanto tinha tempo, mas eu sabia que teria de encontrar mundo, espaço — eu nem mesmo tinha um quarto só para mim.

As linhas finais do poema me deram esperança. É um poema de sedução, que é o seu encanto, mas é também um poema de vida, urgindo e celebrando o amor e o desejo, e declarando o desejo como um desafio à própria mortalidade.

Não podemos frear o tempo, diz Marvell, mas podemos persegui-lo. Podemos fazer o tempo correr. Pensem na ampulheta, no clichê dos grãos de areia escoando lentamente, e todos os desejos faustos de imortalidade — se apenas o tempo pudesse parar, se apenas pudéssemos viver para sempre.

Não, diz Marvell, esqueça isso, inverta essa ideia, viva o tempo de forma tão exuberante quanto puder. Aqui estão palavras dele, muito melhores do que as minhas:

> *Let us roll all our strength and all*
> *Our sweetness up into one ball;*
> *And tear our pleasures with rough strife*
> *Thorough the iron gates of life.*
> *Thus, though we cannot make our sun*
> *Stand still, yet we will make him run.**

Leiam em voz alta e vejam o que Marvell consegue ao quebrar a linha na palavra "sun". A quebra de linha, bem

---

*Derramemos nossa força e toda a nossa/ Delicadeza dentro de um só globo/ E o gozo em rude luta laceremos/ Contra os portões de ferro da existência./ Pois, se não podemos parar nosso sol/ Que o façamos então acelerar. (*N. do T.*)

ali, força uma micropausa, e assim o sol [*sun*] realmente se revela parado — e depois a linha dispara.

Pensei: "Se não posso ficar onde estou, e não posso, então vou apostar tudo o que tenho em seguir em frente."

Comecei a perceber que tinha companhia. Escritores com frequência são exilados, intrusos, fugitivos e náufragos. Esses escritores eram meus amigos. Cada livro é uma mensagem na garrafa. Abra-a.

Na letra M: Katherine Mansfield — a única escritora que Virginia Woolf invejava... mas eu não tinha lido Virginia Woolf.

De qualquer modo, eu não pensava em termos de gênero ou de feminismo, não naquela época, porque, de política, eu não entendia nada além de saber que eu era da classe trabalhadora. Mas tinha observado que havia menos mulheres escritoras nas estantes, bem separadas umas das outras, e quando tentava ler livros "sobre" literatura (sempre um erro), não podia deixar de notar que os livros eram escritos por homens sobre homens que escreviam.

Aquilo não me preocupou: eu estava em perigo de me afogar e ninguém que esteja à deriva no mar se preocupa se o pedaço de mastro a que está agarrado é feito de olmo ou de carvalho.

Katherine Mansfield — outra escritora afetada pela tuberculose, como Lawrence e Keats — e todos eles me fizeram sentir melhor sobre minha tosse incessante. Katherine Mansfield — uma escritora cujos contos estão longe de qualquer experiência de vida que eu já houvesse vivenciado aos 16 anos de idade.

Mas essa era a questão. Ler coisas que são relevantes para os fatos da nossa vida tem um valor limitado. Os fatos são, no fim das contas, apenas fatos, e nossa parte apaixonada e desejante não se descobrirá neles. Por isso é tão libertador lermos a nós mesmos como ficção, assim como fato. Quanto mais amplamente lemos, mais livres nos tornamos. Emily Dickinson mal saiu de sua casa na pequena cidade de Amherst, Massachusetts, mas, quando lemos "Minha vida sempre foi — uma arma carregada", sabemos que encontramos uma imaginação que detonará a vida, em vez de decorá-la.

E assim continuei a ler. E continuei a ler além da minha própria geografia e da minha própria história, além dos contos de crianças abandonadas e da fábrica de tijolos Nori, além do Demônio e do Berço Errado. Os grandes escritores não estavam longe; estavam em Accrington.

A biblioteca pública de Accrington usava a classificação decimal de Dewey, o que significava que os livros eram catalogados meticulosamente, com exceção da "Pulp Fiction", que todos desprezavam. "Romance" merecia apenas uma etiqueta rosa e todos os romances estavam simplesmente amontoados, sem ordem alfabética, nas prateleiras dos romances. As "Histórias do Mar" eram tratadas da mesma forma, mas com uma etiqueta verde. "Horror" levava uma etiqueta preta. "Contos de Mistério", ao estilo Sherlock Holmes, uma etiqueta branca. Mas a bibliotecária jamais arquivaria Chandler ou Highsmith com a etiqueta "Mistério". Eram literatura, assim como *Moby Dick* não era uma "história de mar" e *Jane Eyre* não era "romance".

"Humor" também tinha uma seção... e uma etiqueta laranja divertida e ondulada. Nas estantes de "Humor", nunca saberei como nem por que, estava Gertrude Stein, presumivelmente porque ela escrevia coisas que pareciam sem sentido, *nonsense*...

Bem, talvez ela o tenha feito, e com bastante frequência, embora por razões que fazem muito sentido, mas a *Autobiografia de Alice B. Toklas* é um livro delicioso e um momento verdadeiramente inovador da literatura inglesa — da mesma maneira que *Orlando* (1928), de Virginia Woolf, é revolucionário.

Virginia Woolf chamou seu romance de biografia, e Gertrude Stein escreveu a autobiografia de outra pessoa. Ambas as mulheres estavam desconstruindo o espaço entre fato e ficção — *Orlando* tinha como heroína a personagem da vida real Vita Sackville-West, e Gertrude Stein usou como personagem sua amante, Alice B. Toklas.

É certo que Daniel Defoe chamou *Robinson Crusoé* de autobiografia (Gertrude Stein faz referência a isso) e Charlotte Brontë teve de chamar *Jane Eyre* de biografia, porque as mulheres naquela época não deviam andar por aí inventando coisas — particularmente histórias em que a moralidade é ousada, senão suspeita.

Virginia Woolf e Gertrude Stein foram radicais ao utilizar pessoas da vida real em suas ficções e embaralhar seus fatos — *Orlando*, com suas fotos reais de Vita Sackville-West, e Alice Toklas, a suposta escritora, que é a amante de Gertrude Stein, mas não a escritora...

Para mim, que era fascinada por questões de identidade e por como definimos a nós mesmos, aqueles livros foram muito importantes. Ler a si mesmo enquanto ficção, assim como enquanto fato, é a única maneira de conservar a narrativa aberta — a única maneira de deter a história que está indo adiante em seu próprio pique, muitas vezes rumo a um desenlace que ninguém deseja.

Na noite em que saí de casa, senti que tinha sido enganada ou induzida a fazê-lo — não apenas por Mrs. Winterson, mas pela obscura narrativa da nossa vida em conjunto.

O fatalismo dela era muito poderoso. Era seu próprio buraco negro, que atraía toda a luz. Ela era feita de matéria obscura, e sua força era invisível; não se podia vê-la, a não ser em seus efeitos.

O que poderia ter significado ser feliz? O que poderia ter significado se as coisas tivessem sido reluzentes, claras e tranquilas entre nós duas?

Nunca foi uma questão de biologia ou de natureza e criação. Sei agora que nos curamos sendo amados e amando os outros. Não nos curamos formando uma sociedade secreta de um só — e nos tornamos obsessivos com o único outro "eu" que poderíamos admitir, ficando assim condenados à decepção. Mrs. Winterson era sua própria sociedade secreta, e ela queria que eu me unisse a ela. Era uma doutrina compulsiva, e continuei seguindo-a por muito tempo em minha própria vida. Trata-se, é claro, da base do amor romântico — eu + você contra o mundo. Um mundo no qual só há dois de nós, um mundo que realmente não existe, exceto pelo fato de estarmos nele. E quando um de nós falha com o outro...

E um de nós sempre falhará com o outro.

Quando saí de casa aquela noite, desejava amor e lealdade. O vasto anseio da minha natureza teve de se afunilar em um corredor estreito — para a ideia do outro, do quase-gêmeo, que estaria tão próximo de mim, mas não seria eu. Uma divisão do ser completo à maneira de Platão. Nós nos encontraríamos algum dia — e então tudo ficaria bem.

Eu tinha de acreditar — de que outra maneira poderia lidar com aquilo? E, no entanto, eu estava indo em direção às perdas perigosas que o amor "tudo ou nada" exige.

Mas — e isso é importante — na verdade não há muita escolha quando se tem 16 anos. Você sai com a sua herança.

Todavia...

Sempre há uma carta coringa. E a que eu tinha eram os livros. O que eu tinha, mais do que qualquer outra coisa, era a linguagem que os livros permitiam. Um modo de falar sobre complexidade. Uma maneira de *manter o coração desperto para o amor e para a beleza*" (Coleridge).

Andei em círculos a maior parte do tempo na noite em que saí de casa. A noite movia-se em câmera lenta, e noites são tão mais lentas do que dias! O tempo não é constante, e um minuto não tem a mesma duração que outro.

Era uma noite que vinha se alongando para dentro da minha vida. Saí de casa e tentava me afastar da obscura órbita da depressão da minha mãe. Tentava me afastar da sombra que ela lançava. Na verdade, eu não estava indo para lugar nenhum. Ia ficar longe, livre, ou assim parecia, mas sempre carregamos nossa bagagem nas costas. Leva muito mais tempo para abandonarmos o espaço psicológico do que o espaço físico.

Dormi no abrigo do gramado de boliche entre quatro e seis da manhã, e despertei, gelada e dura, com a luz cortada pelas nuvens de outubro. Fui até a feira, comprei ovos fritos com chá forte e levei meus poucos pertences comigo para a escola.

Os dias seguintes foram difíceis. O pai de Janey havia concluído que realmente não gostava de mim — eu produzia esse efeito nos pais das minhas amigas —, e assim eu não podia mais dormir no trailer. Dormi no Mini-Cooper caindo aos pedaços, no qual estava aprendendo a dirigir.

Era um Mini muito bom, que pertencia a um rapaz maluco da igreja, cujos pais eram idosos, não religiosos, porém delirantes. Ele me deixava usá-lo porque os pais queriam que ele tivesse seu próprio carro, mas ele ficava aterrorizado só de pensar em dirigir. Um ajudando o outro, conseguimos levar o Mini até a casa de Janey e o estacionamos na esquina.

A única maneira de dormir em um carro é elaborando um plano. O meu era sentar na frente para ler e comer e deitar no banco de trás para dormir. Dessa forma eu sentia que estava no controle. Guardava minhas coisas no porta-malas e, depois de alguns dias, decidi começar a guiar o Mini-Cooper pela cidade, mesmo sem ter carteira de motorista.

Eu trabalhava no mercado embalando pulôveres três noites por semana e, aos sábados, trabalhava em uma barraca de frutas e legumes, de oito da manhã às seis da tarde. Assim eu tinha dinheiro para comida, para gasolina e para lavar a minha roupa.

Todo sábado Janey e eu íamos ao cinema, comíamos peixe com batatas e fazíamos amor no banco de trás do

Mini. Depois ela ia para casa, e eu ia dormir lendo Nabokov à luz de uma lanterna. Não fiquei contente de ter chegado à letra N.

Não podia entender por que um homem acharia o corpo de uma mulher madura repulsivo. O melhor de ter de tomar meus banhos nos banheiros públicos era poder olhar as mulheres. Eu as achava lindas, todas elas. E aquilo já era por si mesmo uma reprimenda à minha mãe, que só compreendia corpos como feios e pecaminosos.

Olhar para as mulheres não era, para mim, algo realmente sexual. Eu amava Janey e aquilo era sexual, mas olhar para as mulheres era uma maneira de olhar para mim e, suponho, um jeito de amar a mim mesma. Não sei como teria sido se eu tivesse desejado rapazes, mas não os desejei. Eu gostava de alguns deles, mas não desejei nenhum. Não naquela época. Ainda não.

Um dia, quando eu estava no sexto ano da escola e estávamos lendo Wilfred Owen e *A vida era assim em Middlemarch* para a prova, me queixei de Nabokov. Eu achava *Lolita* um livro irritante. Essa foi a primeira vez que a literatura me pareceu uma traição. Eu havia perguntado à bibliotecária — geralmente confiável —, e ela dissera que também não gostava de Nabokov e que muitas mulheres se sentiam daquela forma, mas que era melhor não fazer comentários desse teor em companhia mista.

Os homens a chamarão de provinciana, disse ela, e perguntei o que aquilo significava. Ela explicou que queria dizer alguém que fosse das províncias. Perguntei se Accrington era uma província, ela respondeu que não, que Accrington estava acima das províncias.

Sendo assim decidi perguntar a meus professores.

Eu tinha dois professores de inglês. O principal era um radical, bem sexy, que acabou se casando com uma das minhas colegas de classe quando ela completou 18 anos. Ele disse que Nabokov era verdadeiramente formidável e que um dia eu entenderia aquilo. "Ele odeia as mulheres," contestei, sem compreender que aquele fora o começo do meu feminismo.

"Ele odeia o que as mulheres se tornam", disse o professor. "É diferente. Ele ama as mulheres até que elas se tornam o que se tornam."

E então tivemos uma discussão sobre Dorothea Brook em *Middlemarch*, e sobre a revoltante Rosamund, que todos os homens preferiam, presumivelmente porque ela não havia se tornado o que as mulheres se tornam...

A discussão não levou a nada, e fui pular em uma cama elástica com um par de garotas que não estavam preocupadas com Dorothea Brook ou com Lolita. Elas só estavam interessadas em pular em camas elásticas.

Estávamos fazendo tanto barulho que perturbamos a decana de língua inglesa, Mrs. Ratlow.

Era uma senhora de meia-idade, redonda como um gato gordo. Usava cabelo fofo e sombra roxa nos olhos. Vestia terninhos de poliéster vermelho e blusas verdes com babados. Era ao mesmo tempo vaidosa, assustadora e ridícula, e sempre estávamos rindo ou nos escondendo dela. Mas ela amava literatura. Sempre que dizia "Shakespeare", fazia uma reverência, e tinha viajado de ônibus até Stratford-upon-Avon em 1970 para ver a lendária montagem de Peter Brook de *Sonho de uma noite de verão*.

Era um tipo de Miss Jean Brodie, suponho, embora não tenha suposto isso naquela época, porque ainda não tinha chegado à letra S e, quando cheguei, não havia nenhuma Muriel Spark. Moderna demais para "Literatura Inglesa em Prosa de A a Z".

Mas ali estava Mrs. Ratlow — viúva com dois filhos adolescentes bem mais altos do que ela e que sempre chegavam à faculdade sob uma nuvem de ameaças de Mrs. Ratlow enquanto ela dirigia para o estacionamento depois de expulsar a pontapés os enormes e pesados rapazes de seu pequeno automóvel Riley Elf. Ela gritava o tempo todo. Tomava Valium na sala de aula. Jogava livros nas nossas cabeças e ameaçava nos matar. Tudo aquilo ainda era permitido.

Mrs. Ratlow saiu furiosa da sala de aula de inglês, incompreensivelmente localizada ao lado da sala da cama elástica. Quando parou de gritar conosco, eu disse que aquilo tinha a ver com Nabokov, e que eu tinha de passar da letra N.

"Mas você já está lendo Wilfred Owen."

"Eu sei, mas ele é poesia. Literatura Inglesa em Prosa de A a Z é o que estou fazendo. Há uma escritora chamada Mrs. Oliphant..."

Mrs. Ratlow estufou o peito como uma pomba. "Mrs. Oliphant* não é literatura — você não deve lê-la!"

"Não tenho escolha: ela está na prateleira."

"Explique-se, mocinha", ordenou Mrs. Ratlow, que agora estava interessada, apesar de ainda ter de corrigir vinte ensaios sobre *Orgulho e preconceito.*

---

*Novelista escocesa (1828-1897). (*N. do T.*)

E, assim, tudo foi saindo aos borbotões: minha mãe, o Mini, a biblioteca, os livros. Mrs. Ratlow ficou calada, o que era muito incomum. Então ela disse: "Você está vivendo em um Mini e, quando não está, de fato, no carro, está trabalhando no mercado para ganhar dinheiro, ou está aqui na escola, ou então na biblioteca pública de Accrington, lendo Literatura Inglesa em Prosa de A a Z."

Sim, era um resumo fiel de toda a minha vida, fora o sexo.

"Agora incluí poesia", acrescentei e contei sobre T.S. Eliot.

Ela estava olhando para mim como se fosse uma cena do filme *Uma sepultura na eternidade*, como se um objeto previamente conhecido estivesse se transformando diante dos olhos dela. Então ela disse: "Há um quarto livre na minha casa. Pague sua própria comida e nada de barulho depois das dez da noite. Você pode ter uma chave da casa."

"Uma chave?"

"É. Uma chave é um artefato de metal que abre uma porta."

Eu havia retornado ao estado de débil mental aos olhos dela, mas não me preocupei. E disse: "Nunca tive uma chave, exceto a do Mini."

"Vou falar com esta sua mãe."

"Não", pedi. "Por favor, não faça isso."

Ela me entregou a chave. "Não espere carona para a escola. Os rapazes sentam atrás e minha bolsa vai no banco da frente." Então ela fez uma pausa e disse: "Nabokov pode ou não ser um grande escritor. Não sei, nem me preocupo com isso."

"Tenho que terminar *Lolita*?"

"Tem. Mas não precisa ler Mrs. Oliphant. Vou ter uma conversa com a bibliotecária no fim de semana. E, de qualquer modo, você sabe que não precisa ler em ordem alfabética."

Comecei a dizer que precisava de uma ordem — como só comer e ler na frente do carro e só dormir no banco de trás — mas então parei, congelei por um instante, porque os saltos na cama elástica haviam recomeçado, e Mrs. Ratlow vinha avançando em direção à lona suada que balançava, gritando alguma coisa sobre Jane Austen.

Fui para a biblioteca com a pequena chave prateada no bolso.

Eu estava ajudando a bibliotecária a arrumar os livros nas estantes, coisa que realmente gostava de fazer, porque apreciava o peso dos livros e o modo como se encaixavam nas prateleiras.

Ela me deu uma pilha de livros de Humor, com as divertidas etiquetas laranja, e foi então que vi Gertrude Stein pela primeira vez.

"Pensei que você estava na letra N", disse a bibliotecária, que, como a maior parte de suas colegas, acreditava na ordem alfabética.

"Estou, mas também dou uma olhada ao redor. Minha professora de inglês me disse para fazer isso. Ela acha que Mrs. Oliphant não é literatura. Vai passar por aqui para falar disso com a senhora."

A bibliotecária levantou as sobrancelhas. "Vai? Não posso dizer que discordo dela. Mas será que podemos mesmo pular da letra N para a letra P? É que há dificuldades com a letra O."

"Houve dificuldades com a letra N."

"É. A literatura inglesa — talvez toda a literatura — nunca é o que esperamos que seja. E nem sempre o que apreciamos. Eu mesma tive grandes dificuldades com a letra C... Lewis Carroll, Joseph Conrad, Coleridge."

Sempre era um equívoco discutir com a bibliotecária, mas, antes que eu pudesse me conter, comecei a recitar:

It were a vain endeavour,
Though I should gaze forever
On that green light that lingers in the west;
I may not hope from outward forms to win
*The passion and the life, whose fountains are within.**

A bibliotecária olhou para mim. "Isso é muito bonito!"

"É Coleridge. 'Melancolia: uma ode'."

"Bem, talvez eu tenha de reconsiderar a letra C."

"E eu terei de reconsiderar a letra N?"

"Meu conselho é este: quando você é jovem e lê algo de que não gosta, deixe de lado e pegue-o para ler de novo três anos mais tarde. E, se ainda não gostar, deixe passar mais três anos. E quando você não for mais jovem — quando tiver 50 anos, como eu —, releia o livro de que você menos gostou."

"Com certeza vai ser *Lolita*."

Ela sorriu, o que era incomum. Sendo assim, eu disse: "Devo então pular Mrs. Oliphant?"

---

*Era um esforço vão,/ embora eu devesse contemplar para sempre/ aquela luz verde que descansa no Oeste;/ Não posso esperar de formas externas que vençam/ a paixão e a vida, cujas fontes estão dentro de mim. (*N. do T.*)

"Acho que pode... embora ela tenha escrito uma história de fantasmas muito boa, chamada *A porta aberta*."

Peguei minha pilha de livros para arrumá-los nas estantes. A biblioteca estava silenciosa. Havia movimento, mas estava silenciosa, e pensei que deveria ser assim em um monastério, onde você tem companhia e afinidade, mas seus pensamentos são apenas seus. Olhei para a janela enorme de vitrais e para a linda escada de carvalho. Eu amava aquele edifício.

A bibliotecária estava explicando as vantagens da classificação decimal de Dewey para sua assistente — vantagens que se estendiam para qualquer área da vida. Era ordenada, como o universo. Tinha lógica. Era confiável. Utilizá-la permitia uma espécie de elevação moral, como se nosso próprio caos também fosse colocado sob controle.

"Sempre que estou perturbada", disse a bibliotecária, "penso na classificação decimal de Dewey."

"E o que acontece então?", perguntou a assistente, bastante intimidada.

"Então compreendo que problema é apenas algo que foi arquivado no lugar errado. Isso, claro, é o que Jung dizia — enquanto o caos de nossos conteúdos inconscientes luta para encontrar seu lugar certo no índice da consciência."

A assistente ficou calada. Eu perguntei: "Quem é Jung?"

"Isso não é para agora", disse a bibliotecária. "E, de qualquer modo, não é Literatura Inglesa de A a Z. Você teria de ir para 'Psicanálise' — ali adiante, ao lado de 'Psicologia' e de 'Religião'."

Olhei naquela direção. As únicas pessoas que eu já tinha visto na seção de "Psicologia" e "Religião" eram um homem de rabo de cavalo, que costumava usar uma camiseta imunda que tinha EGO escrito na frente e ID escrito atrás, e duas mulheres que pretendiam ser bruxas e estavam pesquisando "Wicca nos dias de hoje".* Os três estavam ali naquele momento, passando bilhetes entre si, já que era proibido falar. Jung podia esperar.

"Quem foi Gertrude Stein?"

"Uma modernista. Ela escreveu sem se preocupar com o sentido."

"Por isso ela está na estante de Humor, como Spike Milligan?"

"Na classificação decimal de Dewey há certa margem de liberdade. Esse é outro de seus pontos fortes. Nos protege das confusões, mas nos permite a liberdade de pensamento. Meu predecessor deve ter sentido que Gertrude Stein era moderna demais para ser uma modernista de 'Literatura Inglesa de A a Z'. E, de qualquer maneira, embora ela tenha escrito em inglês, se é que se pode dizer isso, era norte-americana e viveu em Paris. Agora está morta."

Levei a *Autobiografia de Alice B. Toklas* para o carro e fiz o caminho para a casa da Mrs. Ratlow. Não entrei logo. Ela estava gritando com os filhos.

Olhei pela janela da cozinha da pequena e arrumada casa — não um sobrado com terraço como na Water Street, mas quase uma casa de campo, com os fundos dando para espaços abertos. Os rapazes enormes e pesados estavam jantando, e Mrs. Ratlow passava roupa e lia Shakespeare em um livro apoiado numa partitura

---

*Religião pagã, ligada à bruxaria. (*N. do T.*)

colocada ao lado da tábua de passar. Ela havia tirado o casaco de poliéster e vestia uma blusa de náilon de mangas curtas. Os braços eram gordos e cheios de covinhas. O peito era enrugado, caído, carnudo e vermelho. Ela era tudo o que Nabokov detestava.

Os olhos dela brilhavam enquanto lia Shakespeare, e cada vez que terminava de passar uma das camisas enormes e pesadas, ela parava, virava a página, pendurava a camisa e pegava outra na pilha de roupas para passar.

Mrs. Ratlow usava chinelas macias, cor-de-rosa, contra o chão de linóleo preto e branco.

Ela estava me dando uma chance. O inverno estava chegando, fazia frio demais para dormir no Mini, e o vapor da respiração de uma noite fazia com que eu acordasse coberta de gotas de água, como o orvalho numa folha pela manhã.

Eu não fazia ideia se qualquer das coisas que eu vinha fazendo ultimamente era a coisa certa a fazer. Eu falava sozinha o tempo todo, em voz alta, debatendo a minha situação comigo mesma. Por um lado eu tinha sorte, porque nossa igreja sempre enfatizou a importância de se concentrar nas coisas boas — nas bênçãos — e não apenas nas coisas ruins. E foi isso o que fiz de noite, quando me enrolei no meu saco de dormir. Havia coisas muito boas: Janey e meus livros. Sair de casa significava que eu podia conservar ambos sem medo.

Peguei minha chave, mas toquei a campainha por educação. Um dos rapazes enormes abriu a porta. Mrs. Ratlow apareceu. "Ajudem a moça com as coisas dela, vocês dois. Será que tenho de fazer tudo sozinha?"

Meu quarto era pequeno e dava para o campo nos fundos da casa. Coloquei meus livros em pilhas e dobrei minhas roupas: três pares de jeans, dois pares de sapatos, quatro pulôveres, quatro camisas e a quantidade necessária de calcinhas e meias para uma semana. E um casaco de tecido grosso.

"Isso é tudo?"

"Tem ainda um abridor de latas, alguma louça e um fogareiro. Uma toalha e um saco de dormir, mas podem ficar no carro."

"Você vai precisar de uma bolsa de água quente."

"Eu tenho uma, e uma lanterna e xampu."

"Tudo bem. Coma um pouco de pão com geleia e vá dormir."

Mrs. Ratlow me observou quando peguei o livro de Gertrude Stein.

"Letra S", observou.

Gertrude e Alice estão vivendo em Paris. Colaboram com a Cruz Vermelha durante a guerra. Dirigem um Ford de dois lugares trazido por navio dos Estados Unidos. Gertrude gosta de dirigir, mas se recusa a utilizar a marcha à ré. Ela só vai para a frente, porque diz que toda a questão do século XX é o progresso.

Outra coisa que Gertrude não faz é ler o mapa. Alice Toklas lê o mapa, e Gertrude algumas vezes segue as direções e outras não.

Está escurecendo. Bombas explodem. Alice está perdendo a paciência. Ela larga o mapa e grita para Gertrude: "Essa é a estrada errada."

Gertrude continua. E diz: "Certa ou errada, essa é a estrada em que estamos."

10
Essa é a estrada

DECIDI ME MATRICULAR para estudar inglês na Universidade de Oxford porque era a coisa mais impossível que eu podia fazer. Eu não conhecia ninguém que tivesse ido para a universidade, e embora moças espertas fossem encorajadas a ir para escolas de capacitação para professoras primárias, ou para cursos de contabilidade, Oxford e Cambridge não estavam na lista das coisas para fazer antes de morrer.

A igualdade de salários tinha se tornado lei na Inglaterra em 1970, mas nenhuma mulher que eu conhecesse ganhava nada parecido aos salários dos homens — nem achava que devesse ganhar.

No Norte industrial da Inglaterra, o tipo de emprego de colarinho azul tradicional era o que prevalecia— trabalho nas fábricas, nas minas —, e os homens detinham o poder econômico.

As mulheres conservavam as famílias e as comunidades unidas, mas a invisibilidade da sua contribuição, que não era medida nem paga, nem mesmo socialmente recompensada, significava que o meu mundo estava cheio de mulheres fortes e capazes que eram "donas de casa" e tinham de se submeter à vontade de seus maridos. Minha mãe fez isso com meu pai. Ela o tratava com desprezo (e isso não era justo), mas o chamava de chefe da família (e isso não era verdade). Esse padrão conjugal/doméstico se repetia por toda parte, para onde quer que eu olhasse.

Poucas mulheres que conheci tinham profissões qualificadas ou de gestão, e essas poucas não eram casadas. A maior parte das minhas professoras na escola não era casada. Mrs. Ratlow era viúva, decana de língua inglesa, mas mesmo assim cozinhava e limpava a casa para os dois filhos, e nunca tirou férias, porque dizia — e nunca esquecerei disso: "Quando uma mulher sozinha já não atrai o interesse do sexo oposto, ela só é visível se tiver alguma finalidade."

É uma citação e tanto e deveria ter feito dela uma feminista, mas Mrs. Ratlow não tinha tempo para o feminismo como movimento. Ela adorava homens, mesmo que a falta de um a tenha tornado invisível a seus próprios olhos — o lugar mais triste que uma mulher pode ocupar no distrito dos lugares invisíveis. Germaine Greer havia publicado *A Mulher Eunuco*, em 1970, mas nenhuma de nós tinha lido.

Não éramos sofisticadas. Éramos do Norte. Não vivíamos em uma grande cidade como Manchester, e o feminismo parecia não nos haver alcançado.

"Battleaxe" ["machado de guerra"] sempre foi a palavra usada tanto a favor como contra a mulher forte da classe trabalhadora do Norte da Inglaterra. Essa imagem também dividia nossa identidade. As mulheres do Norte eram rudes e reconhecidas como tal, em casa e no humor popular — todos os cartões-postais de balneários traziam desenhos de homenzinhos magricelas e mulheres dominantes —, e, nos clubes de trabalhadores bêbados, artistas de teatro, como Les Dawson, vestidos com aventais e lenços na cabeça, parodiavam, mas também celebravam, as mulheres formidáveis que os homens amavam, temiam e das quais dependiam. No entanto, essas mulheres — que supostamente ficavam na porta de casa esperando para surrar seus homens com um rolo de pastel — não tinham nenhuma proteção econômica. E, quando tinham, escondiam isso.

As mulheres que conheci que geriam seus próprios pequenos comércios, como a barraca da feira onde eu trabalhava ou a barraca de peixe com batatas fritas onde eu fazia muitas das minhas refeições, fingiam que o negócio era do marido e que apenas trabalhavam ali.

Quando tivemos nossa primeira e única aula de educação sexual na escola, não foi sobre sexo, mas sobre economia dos sexos. Nós devíamos pagar nossas próprias despesas, porque essa era a coisa moderna a fazer, mas deveríamos dar o dinheiro ao rapaz antecipadamente para que pudessem vê-lo pagando a conta. Estávamos falando apenas de passagens de ônibus e entradas de cinema, porém, mais tarde, quando administrássemos o orçamento da casa, deveríamos nos certificar de que o homem soubesse que era tudo dele. Orgulho masculino, acho que foi esse o termo que a professora usou. Eu achei que era a coisa mais estúpida que já tinha ouvido; era como defender, no campo das relações sociais, a teoria de que a Terra era plana.

As únicas mulheres que levavam a vida que queriam, contentes e sem fingir para a sociedade, era o casal da loja de doces, mas elas precisavam fingir no campo sexual, e não eram capazes de ser abertamente gays. As pessoas riam delas, e uma delas usava uma balaclava.

Eu era uma mulher. Uma mulher da classe trabalhadora. Uma mulher que queria amar mulheres sem culpa e sem ser ridicularizada. Essas três coisas formaram a base da minha política, não os sindicatos ou a luta de classes como era entendida pela esquerda machista.

A esquerda levara um longo tempo para aceitar integralmente as mulheres como independentes e iguais — e para não mais disfarçar a sexualidade das mulheres como resposta ao desejo masculino. Eu me sentia incomodada e deixada de lado pelo que conhecia das políticas de esquerda. E eu não estava tentando melhorar as condições de vida. Eu queria mudar minha vida, torná-la irreconhecível.

No final dos anos 1970, Margareth Thatcher apareceu falando de uma nova cultura de risco e recompensa — uma cultura na qual você poderia se realizar, na qual você poderia ser qualquer coisa que quisesse ser, se trabalhasse muito e estivesse preparado para abandonar as redes de segurança da tradição.

Eu já tinha saído de casa. Já trabalhava de noite e nos fins de semana para poder continuar na escola. Eu não tinha rede de segurança nenhuma.

Achei que Margareth Thatcher tinha respostas melhores do que os homens de classe média que falavam em nome do Partido Trabalhista e os homens da classe trabalhadora que faziam campanha pelo salário "família" e queriam suas mulheres em casa.

Eu não tinha grande respeito pela vida familiar. Não tinha casa. Tinha raiva e coragem. Era esperta. Emocionalmente desconectada. Não entendia as políticas de gênero. Eu era o protótipo ideal do alvo da revolução de Reagan e Thatcher.

Marquei meu exame de admissão à Universidade de Oxford, orientada por Mrs. Ratlow. Consegui uma entrevista e comprei uma passagem de ônibus.

Eu havia escolhido o St. Catherine's College porque tinha uma orientação nova, moderna, porque era misto e porque tinha sido criado pela Sociedade St. Catherine — uma espécie de pálido satélite das faculdades consagradas de Oxford —, fundada para atender estudantes pobres demais para frequentar Oxford de modo apropriado.

Mas agora o St. Catherine's College já fazia parte do que era apropriado em Oxford. E talvez eu pudesse ir para lá.

Desci do ônibus em Oxford e perguntei como chegar a St. Catherine's. Sentia-me como Judas, o Obscuro, no romance de mesmo nome de Thomas Hardy, e estava determinada a não me enforcar.

Eu não fazia ideia de que pudesse haver uma cidade tão bonita, ou lugares como o campus de Oxford, com os pátios quadrangulares e os gramados, e aquela sensação de quietude energética que ainda acho tão sedutora.

Eu havia recebido acomodação para aquela noite, e as refeições eram servidas no campus, mas eu me sentia intimidada demais com a autoconfiança dos outros candidatos para ir até lá e comer com eles.

Fui incapaz de falar eloquentemente durante minhas entrevistas porque, pela primeira vez na vida, senti que parecia estar errada e que soava de forma errada. Todos os demais pareciam relaxados, embora eu esteja certa de que aquilo não era verdade. É claro que tinham roupas melhores e sotaques menos estranhos. Eu sabia que não estava sendo eu mesma, mas não sabia como ser eu mesma ali. Escondi quem eu era e não consegui um personagem para colocar em meu lugar. Algumas semanas mais tarde, soube que não tinha conseguido a vaga.

Fiquei desesperada. Mrs. Ratlow disse que precisávamos procurar outras opções. Para mim, não havia outras opções. Eu não estava interessada em opções. Estava interessada em Oxford.

Então bolei um plano.

Eu havia finalmente tirado minha carteira de motorista, vendido o Mini, que na verdade não era meu, e comprado um Hillman Imp habilitado a trafegar por ruas e estradas, que me custara 40 libras. As portas não funcionavam, mas tinha um bom motor. Se você estivesse disposto a se enfiar através da abertura no lugar do vidro traseiro, poderia até rodar um bom trecho.

Janey disse que iria comigo. Levamos minha barraca e pegamos a estrada para Oxford, viajando a 80 quilômetros por hora, a velocidade máxima do Imp, com paradas frequentes para pôr gasolina, óleo, água e fluido de freio. Tínhamos conosco dois ovos, para o caso de o radiador vazar. Naqueles dias, podia-se consertar facilmente um radiador quebrando um ovo nele. Uma correia de ventilador que arrebentasse podia ser substituída por uma meia de náilon. Um cabo de embreagem cortado podia ser trocado por dois parafusos e uma lata (buracos nos dois extremos da lata, parafusos atados a cada pedaço do cabo cortado, parafusos e cabos colocados em cada extremidade da lata — com um pouco de força, podia-se pressionar a lata e fazê-la funcionar como embreagem).

A família de Janey tinha um guia de lugares para acampar, e achamos um camping barato num clube de golfe nos subúrbios de Oxford.

Levamos mais de nove horas para chegar lá, mas tínhamos nosso bacon e nosso feijão e estávamos felizes.

No dia seguinte eu tinha uma entrevista marcada com o orientador sênior e um dos professores adjuntos do curso de Inglês — o terceiro, para minha sorte, não estava lá.

Tive o habitual problema de não conseguir falar nada e balbuciar como uma... Sob estresse, sou uma mistura de Billy Budd* com o Burro dos filmes de Shrek.

Abri minhas mãos em desespero e vi que as palmas estavam cobertas de óleo. O Imp tinha um vazamento.

E assim tive de falar, na velocidade de Shrek, sobre o Hillman Imp, sobre a barraca, meu trabalho no mercado, um pouco sobre o Apocalipse e a Mrs. Winterson e sobre "Literatura Inglesa em Prosa de A a Z"...

Eles já tinham uma carta que haviam recebido de Mrs. Ratlow aberta sobre a escrivaninha. Não sei o que ela disse, mas Mrs. Oliphant foi mencionada.

"Quero ser uma escritora melhor que ela."

"Isso não deve ser tão difícil — embora ela tenha escrito um conto de fantasmas muito bom, chamado..."

"*A porta aberta*. Eu li. É assustador."

---

*Personagem do conto de mesmo nome de Herman Melville, marinheiro com um sério problema de dicção. (*N. do T.*)

Por alguma razão, Mrs. Oliphant estava do meu lado.

O orientador sênior explicou que o St. Catherine's era uma faculdade progressista, fundada em 1962, empenhada em trazer para Oxford alunos de escolas públicas e uma das poucas faculdades mistas.

"Benazir Bhutto está aqui. Margareth Thatcher estudou química em Somerville, você sabe."

Eu não sabia, nem sequer sabia quem era Benazir Bhutto.

"Você gostaria que uma mulher fosse primeira-ministra?"

Sim... Em Accrington as mulheres não podiam ser nada além de esposas, professoras, cabeleireiras, secretárias ou vendedoras.

"Bem, elas podem ser bibliotecárias, e pensei nisso para mim, mas quero escrever meus próprios livros."

"Que tipo de livros?"

"Não sei. Escrevo o tempo todo."

"A maior parte dos jovens faz isso."

"Não em Accrington; lá eles não fazem isso."

Houve uma pausa. Então o professor adjunto me perguntou se eu achava que as mulheres pudessem ser grandes escritoras. Fiquei perplexa com a pergunta. Nunca tinha pensado nisso.

"É verdade que estão principalmente no início do alfabeto — Austen, Brontë, Eliot..."

"Estudamos essas autoras, é claro. Virginia Woolf não está no currículo, embora você vá considerá-la interessante. Mas comparada com James Joyce..."

Foi uma introdução razoável aos preconceitos e prazeres de um curso de graduação em Oxford.

Saí de St. Catherine's e caminhei pela Holywell Street até a livraria da Blackwell's. Nunca tinha visto uma loja com cinco andares cheios de livros. Fiquei tonta, como acontece quando se inspira oxigênio demais de repente. E pensei nas mulheres. Todos aqueles livros, quanto tempo tinha levado para que as mulheres pudessem escrever a parte delas! Por que ainda havia tão poucas mulheres poetas e romancistas, e menos ainda consideradas importantes?

Eu estava muito animada, muito esperançosa e muito perturbada também com o que me havia sido dito. Como mulher, seria eu apenas uma espectadora sem dar minha contribuição? Poderia eu estudar o que nunca teria esperanças de realizar? Conseguisse ou não, eu tinha de tentar.

E, mais tarde, quando fui bem-sucedida, porém acusada de arrogância, tive vontade de arrastar cada jornalista que me compreendera mal até aquele lugar, e fazê-lo ver que, para uma mulher, uma mulher da classe trabalhadora, querer ser uma escritora, querer ser uma boa escritora e acreditar que era boa o suficiente não era arrogância, era política.

O que quer que tenha acontecido naquele dia funcionou para mim. Consegui uma vaga, concedida por um ano.

E aquilo me levou direto para Margareth Thatcher e a eleição de 1979. Thatcher tinha vigor, tinha argumentos e sabia o preço do pão. Ela era mulher — e aquilo me fez sentir que eu também poderia ter sucesso. Se a filha de um quitandeiro podia ser primeira-ministra, uma garota como eu poderia escrever um livro que teria um lugar nas prateleiras de "Literatura Inglesa em Prosa de A a Z".

Eu votei nela.

Hoje em dia é uma banalidade dizer que Thatcher mudou dois partidos políticos: o seu próprio partido e a oposição trabalhista da ala esquerda. É menos lembrado que Reagan nos EUA e Thatcher no Reino Unido romperam para sempre o consenso do pós-guerra — e aquele consenso havia perdurado por mais de trinta anos.

Rebobinemos até 1945: se você estivesse na Esquerda ou na Direita, na Inglaterra ou na Europa Ocidental, reconstruir as sociedades depois da guerra não era tarefa que pudesse acontecer dentro da obsoleta e desacreditada política econômica neoliberal de livre mercado — salários desregulados, preços instáveis, nenhuma provisão para doentes, idosos ou desempregados. Íamos precisar de habitação, de muitos empregos, de um Estado de bem-estar social, da nacionalização dos serviços públicos e do transporte.

Foi um avanço real da consciência humana na direção da responsabilidade coletiva; uma compreensão de que devíamos algo não apenas à nossa bandeira ou ao nosso país, às nossas crianças ou às nossas famílias, mas uns aos outros. Sociedade. Civilização. Cultura.

Aquele avanço da consciência não surgiu dos valores vitorianos ou da filantropia, nem emergiu da política da direita. Surgiu das lições práticas da guerra e — *isso é importante* — dos fortes argumentos do socialismo.

A desaceleração econômica da Inglaterra nos anos 1970, nosso resgate pelo FMI, o aumento vertiginoso dos preços do petróleo, a decisão de Nixon de tornar o dólar flutuante, disputas sindicais incontroláveis e uma espécie de dúvida existencial da esquerda permitiram à direita de Reagan/Thatcher dos anos 1980 abandonar discussões desgastadas sobre uma sociedade justa e igualitária. Íamos acompanhar Milton Friedman e seus colegas da Escola Econômica de Chicago de volta para o velho *laissez-faire* do livre-mercado e vesti-lo como se fosse uma nova salvação.

Bem-vinda TINA — There Is No Alternative.*

Em 1988, o ministro da Fazenda de Thatcher, Nigel Lawson, chamou o consenso do pós-guerra de "ilusão do pós-guerra".

Não compreendia que, quando o dinheiro se tornava o valor central, a educação caminhava na direção do lucro, tampouco que a vida do espírito não seria considerada um bem a não ser que produzisse resultados mensuráveis. Que os serviços públicos já não seriam importantes. Que uma vida alternativa ao "ganhar e gastar" ia se tornar muito difícil na medida em que as habitações baratas desapareciam. Que, quando as comunidades são destruídas, só resta miséria e intolerância.

Eu não sabia que o thatcherismo fundamentaria seu milagre econômico vendendo todas as nossas indústrias e bens nacionais.

Eu não avaliei as consequências de privatizar a sociedade.

Estou dirigindo debaixo do viaduto, atravessando o bairro pobre de Factory Bottoms. Quando passo pela Igreja Pentecostal Elim, vejo meu pai saindo de macacão. Ele

---

*Não Há Nenhuma Alternativa. (*N. do T.*)

esteve pintando. Meu pé solta o acelerador e quase paro. Quero dizer adeus, mas não digo porque não posso. Ele me viu? Não sei. Olho pelo retrovisor. Ele está indo para casa. Eu estou indo embora.

Já estou longe, passando por Oswaldtwistle, pela fábrica de biscoitos para cães. Há alguns meninos em frente à porta lateral, esperando pelos pedaços quebrados de biscoitos verdes e rosas em formato de osso. Só um deles tem um cachorro na coleira.

Estou na minha caminhonete Morris Minor — sucessora do Imp — carregada com uma bicicleta e um baú com livros, uma pequena mala com roupas, um pacote de sanduíches de sardinha e vinte galões de gasolina em latas porque ninguém me disse que se pode comprar gasolina na estrada. Como o dínamo da caminhonete está com defeito, não ouso desligar o motor: é preciso parar no acostamento da estrada, dar a volta correndo no carro, encher o tanque e partir novamente. Mas nem ligo.

Estou indo para Oxford.

11

Arte e mentiras

EM MINHA PRIMEIRA noite como universitária, meu orientador virou-se para mim e disse: "Você é o experimento da classe trabalhadora." Depois se virou para aquela que se tornaria minha melhor amiga, e continua sendo até hoje, e disse: "Você é o experimento negro."

Logo compreendemos que aquele cara era um gay do tipo maldoso e que as cinco mulheres da turma não receberiam orientação dele. Teríamos de nos educar sozinhas.

De certa forma, isso não fazia diferença. Os livros estavam por toda parte, e tudo o que tínhamos de fazer era lê-los — começando com *Beowulf* e terminando com Beckett, sem nos importar com o fato de que a literatura inglesa parecia ter somente quatro mulheres romancistas — as Brontë, que vinham como um time, George Eliot e Jane Austen, e a poeta Christina Rossetti. Ela nem sequer é uma grande poeta, como Emily Dickinson, mas ninguém ia nos falar sobre grandes mulheres. Oxford não era uma conspiração do silêncio no que se referia às mulheres; era uma conspiração da ignorância. Formamos nosso próprio grupo de leitura, que logo incluiu escritores contemporâneos — tanto mulheres como homens — e feminismo. De repente, encontrei-me lendo Doris Lessing e Toni Morrison, Kate Millett e Adrienne Rich. Seus textos eram como uma nova Bíblia.

Mas, apesar do seu sexismo, do seu esnobismo, de suas atitudes patriarcais e da indiferença para com o bem-estar dos estudantes, o importante em Oxford era sua seriedade de propósitos e a crença inquestionável de que a vida do espírito estava no coração da vida civilizada.

Embora nosso orientador nos denegrisse e nos sabotasse, só porque éramos mulheres, sentíamo-nos tacitamente sustentadas pelo etos da universidade em nossa paixão de ler, pensar, saber, discutir.

Aquilo fez uma enorme diferença para mim. Era como viver em uma biblioteca, o lugar onde eu sempre fora mais feliz.

Quanto mais eu lia, mais lutava contra a crença de que a literatura era para uma minoria — uma camada educada e elitista. Os livros também eram meu patrimônio. Nunca esquecerei minha emoção ao descobrir que o primeiro poema registrado em língua inglesa, "Caedmon's Hymn" ["Hino de Caedmon"], é de autoria de um boiadeiro de Whitby, de cerca de 680 d.C., quando Santa Hilda era abadessa da Abadia de Whitby.

Imaginem só... Uma mulher no comando, e um boiadeiro analfabeto fazendo um poema de tal beleza que monges educados o puseram por escrito e o recitavam para visitantes e peregrinos.

É uma linda história. Caedmon prefere a companhia das vacas a das pessoas, não conhece nada de poesia nem de canções, e assim, ao fim dos banquetes na abadia, quando todos são convidados a cantar ou recitar, Caedmon sempre corre de volta para as vacas, onde pode ficar tranquilo. Mas, naquela noite, um anjo veio e lhe disse para cantar — se ele pode cantar para as vacas, pode cantar para o anjo. Caedmon diz com tristeza que não conhece nenhuma canção, mas o anjo lhe diz que cante assim mesmo — uma canção sobre a criação do mundo. E Caedmon abre a boca e sai a canção. (Leiam um relato sobre isso em *History of the English Church and Peoples* [História da Igreja inglesa e seu povo]), de São Beda.

Quanto mais eu lia, mais me sentia ligada no fio do tempo a outras vidas e a identificações mais profundas. Sentia-me menos isolada. Não estava flutuando em minha pequena balsa no presente; havia pontes que levavam à terra firme. Sim, o passado é outro país, mas podemos visitá-lo e, uma vez lá, podemos trazer de volta as coisas de que carecemos.

A literatura é terreno comum que não é totalmente dirigido por interesses comerciais nem pode ser minerado superficialmente como a cultura popular: explorar o novo e depois seguir adiante.

Há muita conversa sobre mundo domesticado *versus* mundo selvagem. Como seres humanos, não necessitamos apenas da natureza selvagem: necessitamos do espaço aberto indomado de nossas imaginações.

É na leitura que estão as coisas selvagens.

Ao final do meu primeiro trimestre em Oxford, estávamos lendo *Quatro quartetos*, de T.S. Eliot.

We move above the moving tree
In light upon the figured leaf
And hear upon the sodden floor
Below, the boarhound and the boar
Pursue their pattern as before
*But reconciled among the stars.**

Eu pensava na determinação: o passado é tão difícil de mudar. Acompanha-nos como um cicerone, colocando-se entre nós e a novidade do presente — a nova oportunidade.

Fiquei me perguntando se o passado podia ser resgatado — podia ser "reconciliado" —, se as guerras antigas, os velhos inimigos, o cão de caça e o javali seriam capazes de chegar a alguma espécie de paz.

E me perguntava isso porque estava pensando em visitar Mrs. Winterson.

Que possa haver um nível a ser alcançado acima do conflito comum é sedutor. Jung argumenta que um conflito nunca pode ser resolvido no plano em que se originou — nesse plano só há vencedor e vencido, não uma reconciliação. O conflito precisa ser levado a um plano superior — como se contemplássemos uma tempestade de um lugar mais alto.

Há um trecho magnífico, no final de *Troilo e Criseide*, de Chaucer, no qual Troilo, derrotado e morto, é levado à Sétima Esfera, olha para baixo, para o mundo sublunar — o nosso mundo— e ri porque entende como tudo

---

*Nós movemo-nos acima da árvore em movimento/ Na luz sobre a folha imaginada/ E ouvimos no solo molhado/ Lá embaixo, o cão de caça e o javali/ Prosseguirem o seu ciclo como antes/ Mas reconciliados no meio dos astros. Tradução de Maria Amélia Neto. *Quatro quartetos*, Ática, 3ª edição, 1983. (*N. do T.*)

é absurdo — as coisas que significam tanto, os conflitos que trazemos dentro de nós, as situações irreconciliáveis.

O espírito medieval amava a ideia de mutabilidade e de que tudo acontecia de forma caótica e incompreensível sob a esfera da lua. Quando olhamos para o céu e para as estrelas, imaginamos que estamos olhando para o universo. O espírito medieval pensava estar olhando *para dentro* — que a Terra era um mero observatório decadente, a lata de lixo de Mrs. Winterson — e que o centro era — bem, no centro estava — o núcleo da ordem de Deus, vigorando a partir do amor.

Eu gostava dessa ideia de que a ordem devia provir do amor.

E compreendi, de maneira muito pouco iluminada, que ia precisar encontrar o ponto em que a minha própria vida pudesse reconciliar-se consigo mesma. E eu sabia que tinha alguma coisa a ver com o amor.

Escrevi para Mrs. Winterson perguntando se ela gostaria que eu fosse para casa no feriado do Natal — e se podia levar uma amiga. Sim, foi a resposta, o que era raro da parte dela.

Mrs. Winterson não perguntou o que eu andara fazendo desde que nos víramos pela última vez — não se falou de feliz/normal ou de sair de casa ou de ir para Oxford. Não tentei explicar. Nenhuma das duas achou aquilo estranho, porque, no mundo-Winterson, não era estranho.

Lá estava ela com seu novo órgão e seu rádio CB* construído em casa, com fones de ouvido do tamanho de detectores de vida alienígena.

---

*Banda do cidadão. Pequena estação de rádio-amador. (*N. do T.*)

Lá estava eu com minha amiga Vicky Licorish. Eu já havia avisado Mrs. Winterson de que ela era negra.

Isso foi um grande sucesso, porque Mrs. Winterson adorava trabalho missionário e parecia pensar que o fato de minha melhor amiga ser negra era por si só uma espécie de empreitada missionária. Ela foi perguntar a alguns veteranos da África: "O que eles comem?"

A resposta foi abacaxi. Não sei por quê. Há abacaxis na África? De qualquer modo, a família da Vicky era de Santa Lúcia, nas Pequenas Antilhas.

Mrs. Winterson não era racista. Sua tolerância era do tipo missionário e, como tal, paternalista, mas ela não admitiria nenhuma restrição feita contra alguém com base na cor ou na etnia.

Aquilo era incomum numa época em que os paquistaneses já haviam começado a chegar, em quantidades visíveis, nas cidades de classe trabalhadora branca onde empregos já eram difíceis de conseguir. Naquela época, como agora, ninguém falava da herança imperialista. A Inglaterra havia colonizado, ocupado, explorado e interferido na metade do mundo. Retalhamos alguns países e criamos outros. Quando parte do mundo que fizemos à força quis alguma coisa em troca, ficamos indignados.

Mas a Igreja Elim dava as boas-vindas a todos, e éramos ensinados a fazer um esforço por "nossos amigos de outros cantos do mundo".

Quando Vicky e eu chegamos a Accrington, Mrs. Winterson deu a ela um cobertor que havia tricotado, para que não sentisse frio. "Eles sentem muito frio", disse-me.

Mrs. Winterson era obsessiva e vinha tricotando para Jesus havia quase um ano. A árvore de Natal tinha enfeites de tricô, e o cachorro estava metido em um casaco de Natal de lã vermelha com flocos de neve brancos. Havia um presépio tricotado e todos os pastores usavam cachecóis de lã, porque esse Belém ficava na rota do ônibus para Accrington.

Meu pai abriu a porta vestindo um colete recém-tricotado e uma gravata de tricô que combinava. Toda a casa tinha sido tricotada.

Não importava. Não havia sinal do revólver. Mrs. Winterson usava seus melhores dentes.

"Vicky, sente-se", disse ela. "Fiz para você torradas com queijo e abacaxi."

Vicky presumiu que essa era uma iguaria típica do Lancashire.

No dia seguinte, havia pernil com abacaxi, seguido de abacaxi em calda. Depois bolinhos de abacaxi fritos e torta de abacaxi, abacaxi com creme, frango chinês com abacaxi e abacaxi com queijo Cheddar em palitos de coquetel enfiados em meio repolho envolto em papel de alumínio.

Em um dado momento, Vicky disse: "Eu não gosto de abacaxi."

Foi um erro terrível. O humor de Mrs. Winterson mudou subitamente. Ela anunciou que a refeição seguinte seria hambúrguer. Concordamos, mas pensávamos sair naquela noite para comer lagosta com batatas fritas no pub.

Quando voltamos, por volta das dez da noite, encontramos Mrs. Winterson de pé, com a expressão fechada, ao lado do forno a gás. Havia um cheiro terrível de queimado, gordura e carne.

Na pequena cozinha, Mrs. Winterson estava virando mecanicamente numa frigideira algumas coisas pretas do tamanho de botões.

"Estou fazendo esses hambúrgueres desde as seis da tarde", disse ela.

"Mas a senhora sabia que íamos sair."

"Você sabia que eu ia preparar hambúrgueres."

Não soubemos o que fazer e fomos para a cama — Vicky no quarto de cima e eu no quarto de baixo, numa cama inflável. Na manhã seguinte, a mesa estava posta para o café da manhã. No meio havia uma pirâmide de latas fechadas de abacaxi em calda e um cartão-postal vitoriano com dois gatos, de pé nas patas traseiras, vestidos como dama e cavalheiro. A legenda era: "Ninguém nos ama."

Enquanto pensávamos se era melhor ir direto para o trabalho ou arriscar-nos a fazer umas torradas, Mrs. Winterson irrompeu na cozinha, agarrou o cartão-postal e jogou-o de volta sobre a mesa. "Esses dois aí somos seu pai e eu", disse.

Vicky e eu estávamos trabalhando no hospital psiquiátrico durante o feriado do Natal, no enorme edifício onde eu havia vivido e trabalhado durante meu ano sabático. O hospital ficava em um terreno enorme, tinha seu próprio carro de bombeiro e clube social. Era o lar para os dementes, os perigosos, os arruinados e os amaldiçoados. Alguns dos moradores mais velhos tinham sido colocados ali por terem tido um bebê, ou por terem tentado matar um bebê, e alguns tinham sido trancados junto com seus bebês. Era um mundo estranho, tanto solitário como comunitário.

Eu gostava de trabalhar lá, limpando as enfermarias do vômito e da merda e servindo refeições em gigantescas bandejas de lata. Eu fazia turnos de doze horas. Talvez aquela loucura toda acalmasse meus próprios distúrbios. Eu sentia compaixão. E me sentia com sorte. É fácil ficar louco.

A única coisa que eu odiava era o carrinho dos remédios. Os internos eram sedados e tranquilizados — as seringas e os comprimidos pareciam menos desagradáveis do que as celas acolchoadas e as camisas de força, mas não estou tão certa disso. As enfermarias tinham cheiro de Valium e Largactil — este último é aquele que faz os dentes apodrecerem.

Vicky e eu íamos do trabalho para casa, tentando não notar que, em casa, na Water Street, a atmosfera era muito mais insana do que no trabalho. A casa estava escurecendo e rachando — como em um conto de Edgar Allan Poe. Os enfeites de Natal estavam armados e as luzinhas coloridas, acesas, mas aquilo só fazia as coisas ficarem mais assustadoras.

Mrs. Winterson não falava conosco fazia uma semana. Então, uma noite, chegamos em casa, nevava e havia um grupo entoando cânticos natalinos na nossa rua. Compreendi que era a reunião da igreja na nossa casa.

Mrs. Winterson estava de ânimo festivo. Usava um vestido bonito e, quando Vicky e eu chegamos, ela nos cumprimentou calorosamente. "Vou trazer a carroça de comida. Vocês querem uma torta?"

"O que é uma carroça de comida?", perguntou Vicky, pensando em perseguições e tiroteios com índios.

"É um carrinho onde os anfitriões trazem a comida aquecida aqui no Norte", respondi, e Mrs. Winterson apareceu na sala com um carrinho cheio de tortas no compartimento aquecido.

Naquele momento, um grupo rival de cantores de canções natalinas chegou à porta da frente — provavelmente o Exército da Salvação —, mas Mrs. Winterson não os aceitaria tão facilmente. Abriu a porta da frente e gritou: "Jesus está aqui. Vão embora."

"Isso foi um pouco rude, mãe."

"Já tive que aguentar muitas coisas", disse ela, olhando significativamente para mim. "Sei que a Bíblia nos diz para oferecer a outra face, mas existe uma quantidade limite de faces em um só dia."

Vicky estava cortando um dobrado. Logo antes do Natal, foi para a cama e descobriu que dentro de sua fronha não havia mais um travesseiro: estava cheia de folhetos religiosos sobre o Apocalipse. Ela estava começando a descobrir como era viver no Fim dos Tempos.

"É difícil para você, vindo de onde você vem", disse Mrs. Winterson.

"Eu nasci em Luton, nas Antilhas", disse Vicky.

Mas *era* difícil para ela. Era difícil para qualquer um. As correntes de papel penduradas no teto começavam a parecer algemas de um louco.

Meu pai passava a maior parte do tempo no galpão do pátio dos fundos, fazendo uma instalação para a igreja. Acho que era uma espécie de altar evangélico. O pastor queria algo para a escola dominical que pudesse decorar a igreja sem parecer uma daquelas imagens católicas esculpidas, proibidas no Êxodo.

Papai gostava de fazer imagens de argila e pintá-las. Ele estava na imagem número seis.

"O que é isso?", perguntou Vicky.

Eram os Sete Anões da Salvação: Branca de Neve não estava lá, presumivelmente porque estava próxima demais da heresia católica da Virgem Maria. Os anões tinham pequenas placas de identificação: Esperançoso, Fiel, Alegre, Piedoso, Digno, Pronto e Disposto.

Papai estava pintando em silêncio. 'Sua mãe está chateada", disse.

Nós dois sabíamos o que aquilo significava.

Na cozinha, Mrs. Winterson estava fazendo creme de ovos. Mexia a panela obsessivamente, como alguém que mistura as águas escuras das profundezas. Quando passamos por ela, vindas do pátio, ela disse, sem tirar os olhos da panela: "Pecado. Isso é o que estraga tudo."

Vicky não estava acostumada a um estilo conversacional que incluía surtos de silêncio que duravam dias e súbitos anúncios condenatórios, provenientes de uma linha de pensamento que, supunha-se, todos deveríamos compartilhar, mas que não conseguíamos. Eu podia ver que Vicky estava achando as coisas tensas e senti que papai tentava me alertar. Fui olhar a gaveta de limpeza. O revólver não estava lá.

"Acho que é hora de ir embora", falei para Vicky.

Na manhã seguinte, avisei minha mãe que estávamos partindo. Ela disse: "Vocês estão fazendo isso de propósito."

A casa: "dois em cima — dois embaixo". O corredor longo e escuro e os quartos apertados. O pátio com o banheiro externo e o depósito de carvão, as latas de lixo e o canil do cachorro.

"Adeus, mamãe."

Ela não respondeu. Não naquela hora. Nem mais tarde. Nunca mais voltei lá. Nunca a vi outra vez.

Intervalo

No MEU TRABALHO, lutei contra o peso do tempo do relógio, do tempo do calendário, dos desenlaces lineares. O tempo pode ser aquilo que para imediatamente tudo o que está acontecendo, mas o domínio do tempo é o mundo externo. Em nosso mundo interno, podemos experimentar eventos que aconteceram conosco sequencialmente como se acontecessem simultaneamente. Nosso eu não linear não se interessa pelo "quando", está muito mais interessado no "porquê".

Já passei da metade da minha vida biológica e estou quase na metade da minha vida criativa. Meço o tempo como todos, e em parte pelo corpo que enfraquece. Mas, para desafiar o tempo linear, tento viver no tempo total. Reconheço que a vida tem um interior, assim como um exterior, e que eventos separados por anos jazem lado a lado na imaginação e na emoção.

O trabalho criativo constrói uma ponte sobre o tempo porque a energia da arte não é limitada pelo tempo. Se assim fosse, não teríamos interesse pela arte do passado, exceto como história ou documento. Mas nosso interesse pela arte é nosso interesse por nós mesmos, tanto agora como sempre. Aqui e para sempre. Existe uma ideia de que o espírito humano vive eternamente. Isso torna suportável nossa própria morte. Vida + arte é uma tempestuosa comunhão/comunicação com os mortos. É uma luta de boxe com o tempo.

Gosto do verso de *Quatro quartetos*, de T.S. Eliot — "Aquele que apenas está vivendo / Só pode morrer". É a flecha do tempo, o voo do útero à tumba. Mas a vida é mais que uma flecha.

Do útero à tumba de uma vida interessante — mas não posso escrever sobre a minha vida; nunca pude. Não em *Oranges*. Não agora. Eu preferiria continuar lendo a mim mesma como ficção e não como fato.

O fato é que vou deixar de fora 25 anos. Talvez mais tarde...

12

A viagem marítima noturna

QUANDO EU ERA PEQUENA — do tamanho que se esconde debaixo das mesas e se mete em gavetas —, eu me metia em uma gaveta acreditando que era um navio e que o tapete era o mar.

E descobri minha mensagem na garrafa. Encontrei uma certidão de nascimento. Nela estavam os nomes dos meus pais biológicos.

Nunca contei isso a ninguém.

Nunca quis encontrar meus pais biológicos — se um casal de pais já parecia uma desgraça, dois casais seria autodestrutivo. Eu não tinha compreensão da vida familiar. Não fazia ideia de que era possível gostar dos pais, ou de que eles pudessem me amar o suficiente para deixar que eu fosse eu mesma.

Eu era uma solitária. Era autoinventada. Não acreditava em biologia ou em biografia. Acreditava em mim mesma. Pais? Para quê? Só servem para nos ferir.

Mas quando eu tinha 30 anos e escrevi os roteiros para televisão de *Oranges Are Not the Only Fruit,* chamei a personagem principal de Jess. Ela é Jeanette no livro, mas a televisão é muito realista. Já era bastante difícil lutar pela ambiguidade e pelo lúdico *e* usar meu próprio nome, mesmo quando aquilo estava classificado como Literatura.

Classificado como drama televisivo, eu achava que ia ficar marcado para sempre como uma história "real".

Isso acabou acontecendo... mas tentei evitar.

De modo que tive de escolher um nome, e escolhi o nome que estava na certidão de nascimento que eu havia encontrado. Parece que o nome da minha mãe biológica era Jessica, e chamei minha personagem de Jess.

Oranges, como programa de televisão, ganhou tudo: prêmios BAFTA (British Academy of Film and Television Arts), RTS (Royal Television Society), um prêmio de melhor roteiro em Cannes, numerosos prêmios estrangeiros — e foi motivo de conversas em 1990, pelo conteúdo e pela forma com que lidamos com ele. Foi um marco para a cultura gay, e espero que também tenha sido um marco cultural. Acho que foi. Uma enquete feita em 2008 sobre os melhores dramas da BBC de todos os tempos, *Oranges* ficou em oitavo lugar.

Achei que, com todo aquele estardalhaço, inclusive e de forma especial nos tabloides (o fim da decência como a conhecemos etc.), minha mãe Jess ouviria falar dele e somaria dois mais dois.

Não.

Avancemos até 2007. Não fiz nada para descobrir meu passado. Não é o "meu passado", é? Escrevi por cima dele. Gravei por cima dele. Dei-lhe uma nova demão de tinta. A vida é composta de camadas, fluidas, não fixas, fragmentárias. Nunca pude escrever uma história com começo, meio e fim, da maneira usual, porque me parecia falso. Esse é o porquê de eu escrever como escrevo e o como eu escrevo como escrevo. Não é um método. Sou eu.

Eu estava escrevendo um romance chamado *Deuses de pedra*. [Editora Record, 2012]. Se passa no futuro, embora a segunda parte esteja situada no passado. O romance concebe nosso mundo, em seu estado multifacetado, sendo descoberto por uma civilização avançada, porém destrutiva, cujo próprio planeta está morrendo. Uma missão é enviada ao Planeta Azul. A missão não regressa.

Sempre que escrevo um livro, uma frase se forma na minha cabeça, como um banco de areia acima da linha do mar. São como os textos escritos nas paredes da casa quando vivíamos na Water Street, 200: exortações, máximas, sinais luminosos de um farol, lançados como memória e alerta.

A Paixão: "Estou contando histórias para vocês. Confiem em mim."

Written on the Body [Escrito no corpo]: "Por que a medida do amor é a perda?"

The PowerBook [O livro do poder]: "Para evitar que me descubram, permaneço em movimento. Para descobrir por mim mesma, permaneço em movimento.

Weight [Peso]: "O homem livre nunca pensa em escapar."

Deuses de pedra: "Tudo fica gravado para sempre pelo que foi um dia."

Em meu romance anterior, *A guardiã do farol*, eu trabalhara com a ideia de um registro fóssil. Agora eu estava ali outra vez — a sensação de algo escrito por cima, sim, porém como diferença. As cores e as formas reveladas sob a luz ultravioleta. O fantasma na máquina que passa para o novo registro.

Qual era a "impressão"?

Eu estava passando por uma fase difícil. Meu relacionamento de seis anos com a diretora Deborah Warner estava complicado e infeliz para nós duas.

Eu tentava escrever. O livro estava me empurrando. O trabalho criativo é um detector de mentiras. Eu queria mentir para mim mesma — se mentiras são aquilo que nos consolam e nos encobrem.

Na primavera de 2007, a segunda mulher do meu pai, Lillian, morreu inesperadamente. Ela tinha dez anos a menos do que ele e sempre fora animada e alegre. Uma prótese de quadril malfeita causou uma gangrena no pé, a gangrena no pé a levou a não andar, não andar causou diabetes, a diabetes a levou ao hospital para uma internação de três dias. Três semanas depois ela saiu do hospital num caixão.

Papai e Lillian tinham ido passar períodos de repouso em um lar para idosos de Accrington dirigido por uma mulher incrível chamada Nesta, que havia trabalhado como comediante em cruzeiros — e você precisa de senso de humor para dirigir um lar para idosos. Nesta finalmente deixara de contar piadas para viver e assumira o negócio da família, o asilo. Ela e eu falamos de várias coisas, e decidimos que papai deveria ir viver lá quando abrisse uma vaga. Ele iria à igreja aos domingos, seria levado para passear no meio da semana e haveria muita gente para visitá-lo. Eu faria a viagem de ida e volta de 560 quilômetros para vê-lo uma vez por mês.

Dirigi até Accrington e desocupei o bangalô em que eles viviam. Fiquei lá arrumando tudo, daquela maneira preocupada com que se lida com a interminável papelada da morte.

Todas as fotos tinham desaparecido, levadas pelo medonho tio Alec (aquele dos dobermans), não sei com que propósito. Não havia nada dos velhos tempos, mas encontrei uma arca trancada.

Tesouro? Sempre acreditei que o tesouro enterrado está realmente onde...

Fui até o carro, peguei uma chave de fenda e um martelo. Meti a chave de fenda no buraco do cadeado, que abriu na hora.

Para meu horror, a arca estava cheia de louça Royal Albert, inclusive um suporte para bolo de três camadas. Por que papai escondera os remanescentes da Royal Albert em uma arca de pirata ao estilo Long John Silver?

Havia outras peças de louça que fizeram regressar à minha boca o gosto da infância. Os pratos "campestres" de Mrs. Winterson, pintados à mão com bordas douradas e, no centro, uma pequena casa em um bosque... (parecida com a casa onde vivo atualmente).

Estavam lá também as medalhas de guerra do papai e bilhetes e cartas de Mrs. Winterson, alguns trazendo histórias pessoais tristes, e outros dizendo coisas horríveis sobre mim, de modo que joguei aquilo fora. Havia ainda algumas de suas listas semanais de compras e seus orçamentos. E o que havia de mais triste: a carta dela para papai, escrita em caligrafia muito tremida, dizendo a ele, passo a passo, o que fazer depois que ela morresse — a apólice de seguro funerário... os papéis da pensão... as coisas a serem feitas na casa.

Pobre papai! Será que esperava sobreviver a duas mulheres? Ao contrário de Mrs. Winterson, Lillian não deixou instruções — mas tudo bem, porque desta vez eu pude estar lá.

Levantei a travessa para peixes Royal Albert. Debaixo dela havia uma pequena caixa. Uma caixa escondida em uma caixa... Destrancada... Algumas joias, alguns envelopes, alguns papéis cuidadosamente dobrados.

O primeiro pedaço de papel era uma decisão judicial datada de 1960. Era minha certidão de adoção. O segundo era uma espécie de certificado de garantia de bebês: eu não era deficiente mental. Era adequada para ser adotada. Tinha sido amamentada...

E eu tivera um nome — violentamente riscado. A parte de cima do documento fora rasgada, de modo que eu não pude ler o nome do médico ou da instituição que o emitira, e os nomes ao final tinham sido igualmente rasgados.

Olhei pra a ordem judicial. Também tinha um nome — meu outro nome — riscado.

Máquinas de escrever e papel amarelado. Coisas tão antigas. Aquelas coisas pareciam ter cem anos. Eu sou de cem anos atrás. O tempo é uma lacuna.

Está escuro agora. Estou sentada em cima do meu casaco no chão do bangalô vazio. Sinto-me esvaziada dos móveis familiares. Abri a porta de um quarto com móveis que não reconheço. Existe um passado afinal de contas, não importa o quanto eu tenha escrito sobre ele.

Como o nome nos pedaços rasgados do documento — o nome riscado — meu passado está ali — aqui — e é agora. A lacuna se fechou à minha volta. Sinto-me aprisionada.

Não sei por que isso importa. Porque parece tão ruim. Por que eles nunca me disseram ou me mostraram? Por que o fariam? E um bebê é um bebê. O bebê começa outra vez. Sem biografia, sem biologia.

Então uma fileira de frases começa a pipocar na minha cabeça — frases tiradas de meus próprios livros — "Continuo escrevendo isso para que um dia ela leia." "Procurando por você, procurando por mim, acho que estive procurando por nós duas toda a minha vida..."

Escrevi narrativas de amor e narrativas de perda — histórias de espera e de pertencimento. Tudo parece tão óbvio agora — as "wintersônicas" obsessões com amor, com perda e com espera. É a minha mãe. É a minha mãe. É a minha mãe.

Mas a mãe é nosso primeiro caso de amor. Seus braços. Seus olhos. Seu seio. Seu corpo.

E, se a odiamos mais tarde, levamos essa raiva conosco para outras amantes. E se a perdemos, onde a encontramos de novo?

Costumo trabalhar com textos de forma obsessiva, e os encaixo na minha obra. A lenda do Santo Graal está lá — um piscar de olhos e a coisa mais preciosa do mundo é perdida para sempre, então a missão passa a ser encontrá-la.

Conto de inverno. Minha peça de Shakespeare favorita: uma criança abandonada. Um mundo doente que não será sanado outra vez se "aquele que está perdido não for encontrado".

Leiam essa linha. Não "aquele que estava perdido" ou "que foi perdido". Em vez disso, "está perdido". A gramática mostra quão séria é a perda. Algo que aconteceu há muito tempo, sim — mas não no passado. Esse é o velho presente, a velha perda ainda ferindo a cada dia.

Logo depois daquela época comecei a ficar louca. Não há outro modo de dizê-lo.

Deborah me deixou. Tivemos um último bate-boca terrível, provocado pelas minhas inseguranças e pelo distanciamento de Deborah, e no dia seguinte terminamos. Fim.

Deborah fez bem em ter ido embora. O que havia começado com grande esperança havia se tornado tortura lenta. Não a culpo de nada. Muito do que aconteceu entre nós duas foi maravilhoso. Mas tal como eu ainda ia descobrir, tenho grandes problemas com lares, com construir lares, com construir lares com alguém. Deborah adora ficar longe de casa e cresce com isso. Ela é um cuco.

Eu adoro chegar em casa — e minha ideia de felicidade é chegar em casa para alguém que amo. Não fomos capazes de resolver essa diferença, e o que eu não sabia é como algo tão simples como uma diferença pode levar a algo tão complexo como uma separação. O súbito e inesperado abandono, constelado como foi pela ideia da impossibilidade do lar, acendeu uma chama que ardeu e abriu caminho na direção de uma brecha cercada por muralhas dentro de mim. Dentro dessa abertura murada, sufocada no tempo como uma ermitã, estava minha mãe.

Deborah não quis detonar a "perda perdida", e eu nem sabia que a perda estava lá dentro — pelo menos não sabia de uma maneira objetiva, consciente — embora meus padrões de comportamento fossem uma boa pista.

Minha agonia de ficar ligando para Deborah e me dar conta de que ela nunca iria responder às minhas chamadas, meu espanto e minha raiva — esses estados emocionais estavam me levando cada vez mais para perto da porta lacrada que eu nunca quisera cruzar.

Isso faz parecer que foi uma escolha consciente. A psique é muito mais esperta do que a consciência permite. Enterramos coisas tão profundamente que não lembramos mais de que havia algo para enterrar. Nossos corpos lembram. Nossos estados neuróticos lembram. Mas nós não lembramos.

Comecei a despertar durante a noite e me ver de quatro na cama, gritando "Mamãe, Mamãe". Eu ficava encharcada de suor.

Trens chegavam. As portas dos trens se abriam. Eu não conseguia embarcar. Humilhada, eu cancelava eventos, encontros, sem ser capaz de dizer o motivo. Algumas vezes não saía de casa por dias a fio, não me vestia por dias a fio, às vezes passeava pelo grande jardim de pijama, algumas vezes comia, outras não comia nada, ou você podia me ver no gramado com uma lata de feijões frios na mão. As paisagens conhecidas da depressão.

Se eu morasse em Londres, ou em qualquer cidade grande, ia acabar me matando com um descuido no tráfego — com o meu carro, com o carro de alguém. Eu pensava em suicídio porque tinha de haver uma opção. Eu precisava ser capaz de pensar nisso e, nos dias bons, eu o fazia porque me dava uma sensação de controle — por uma última vez eu estaria no controle.

Nos dias ruins, eu apenas me agarrava na corda cada vez mais fina.

A corda era a poesia. Toda aquela poesia que eu aprendera quando tive de manter minha biblioteca dentro de mim agora me oferecia uma corda de resgate.

Há um campo na frente da minha casa, inclinado para o alto, protegido por um muro de pedra e com uma vista longa de colinas. Quando não aguentava mais, ia me sentar naquela relva, apoiava-me contra o muro e ficava olhando aquela vista.

O campo, o mundo natural, meus gatos e a Literatura Inglesa de A a Z era tudo que eu tinha sobre o que me debruçar e onde me apoiar.

Meus amigos nunca me faltaram e, quando eu conseguia falar, falava com eles.

Mas quase sempre não conseguia falar. A linguagem me abandonava. Eu estava naquele lugar em que tinha estado antes de adquirir qualquer linguagem. O lugar do abandono.

Onde você está?

Mas o que é realmente nosso nunca nos abandona. Eu não podia encontrar palavras, não de forma direta, para entender meu próprio estado, mas, de vez em quando, conseguia escrever, e o fazia em explosões iluminadas que, por algum tempo, mostravam-me que ainda havia um mundo — original e esplêndido. Eu podia ser minha própria labareda, através da qual ver as coisas. Aí a luz se apagava outra vez.

Eu já tinha escrito dois livros infantis: *The King of Capri* [O rei de Capri], um livro de ilustrações, e um romance para crianças mais velhas, chamado O *guardião do templo*. Nesse último, imagino um mundo em que o tempo, como o petróleo, a água ou qualquer outra *commodity*, está se esgotando.

Escrevi esses livros para meus afilhados, e crianças e livros me proporcionam um prazer sem complicações.

Ao voltar da Holanda em dezembro de 2007, esgotei todas as minhas forças dando uma palestra para um grande público e tentando agir de maneira normal naquela circunstância. Cheguei em casa suando e, quando entrei, nem consegui acender a lareira. Sentei-me em cima do meu sobretudo, com uma lata de feijão cozido nas mãos e os dois gatos nos joelhos.

Pensei em um conto — um conto de Natal, um conto de Natal do ponto de vista de um burro, chamado "O leão, o unicórnio e eu". O burro ganha um nariz de ouro quando levanta a cabeça para zurrar, e o pé do anjo, pendurado nas vigas podres do estábulo, roça o seu focinho.

Eu era o burro. Eu precisava de um nariz de ouro.

Escrevi o conto naquela noite — fiquei acordada até quase cinco da manhã, depois dormi quase 24 horas.

O conto foi publicado no *Times*. Na véspera de Natal, uma senhora muito simpática enviou-me um e-mail dizendo que o conto a fizera chorar, fizera sua filhinha rir e chorar, e perguntando se eu permitiria que a editora dela ilustrasse e publicasse meu conto.

Foi o que aconteceu.

E não foi a última vez que os livros me salvaram. Se a poesia era uma corda, os livros eram balsas. Nas situações mais precárias, eu me equilibrava em um livro, e os livros me serviam de balsa nas marés de sentimentos que me deixavam encharcada e despedaçada.

Sentimentos. Eu não queria sentir.

O melhor alívio para mim, naquela época, foi ir para Paris e esconder-me na livraria Shakespeare and Company.

Fiquei amiga da dona, Sylvia Whitman, uma mulher jovem cuja enorme energia e entusiasmo a levaram a enfrentar a maior parte das adversidades da vida. Seu pai, George, que abrira a loja naquele lugar perto de Notre Dame em 1951, ainda vivia no andar de cima, empoleirado como uma velha águia.

Sylvia conseguiu que eu ficasse no antiquado e não modernizado Hotel Esmeralda, ao lado da livraria. No último andar, sem telefone nem TV, apenas com uma cama, uma mesa e a vista para a catedral, descobri que podia dormir e até mesmo trabalhar.

Eu me sentava na seção de livros antigos da livraria durante o dia e grande parte da noite, lendo com a cadela de Sylvia ao meu lado e, quando precisava caminhar, Colette, a cadela, ia também. Era uma fuga simples e segura.

Na livraria, eu não tinha responsabilidades e era bemcuidada. Quando cheguei certa vez com uma infecção no peito, Sylvia não me deixou voltar para casa. Fez sopa para mim, trocou minhas passagens, comprou-me pijamas e me pôs na cama.

Havia uma sensação dos velhos tempos na biblioteca pública de Accrington. Eu estava segura. Rodeada de livros. Minha respiração ficou mais profunda e mais regular, e eu não estava mais assombrada. Aqueles foram tempos transitórios, mas preciosos.

Eu não estava melhorando. Eu estava piorando.

Não fui ao médico porque não queria remédios. Se aquilo ia me matar, então que me matasse. Se minha vida seria assim, eu não poderia continuar a viver.

Eu sabia com clareza que não poderia reconstruir minha vida ou organizá-la de algum novo modo. Não fazia ideia do que havia do outro lado daquele lugar em que eu estava. Só sabia que o mundo-de-antes terminara para sempre.

Eu me sentia como um cavalo assustado. Nunca sabia quando a coisa invisível ia atacar — e era como um ataque, aquela espécie de porrada no peito ou no estômago. Quando eu sentia aquilo, chorava diante da força com que vinha.

Algumas vezes eu jazia curvada no chão. Outras, me ajoelhava e me agarrava a um móvel.

Isto é um momento... e saiba que um próximo...

Aguente, aguente, aguente.

Amo o mundo natural e nunca deixei de observá-lo. A beleza das árvores e dos campos, das colinas e dos arroios, das cores cambiantes, das pequenas criaturas sempre tão ocupadas e movimentadas. As longas horas que eu passava caminhando ou sentada no campo, com as costas contra o muro, observando as nuvens e o clima, me permitiram alguma firmeza. Como eu sabia que tudo aquilo estaria ali quando eu não estivesse mais, eu admitia que podia partir. O mundo era lindo. Eu era uma partícula nele.

Havia uma raposa morta na trilha que tomei. Nenhuma marca no seu corpo forte e vermelho. Eu a arrastei para trás de uns arbustos. Isso seria suficiente para mim também.

E senti que havia feito algo de bom. Não havia desperdiçado minha vida. Eu podia partir.

Escrevi cartas para meus amigos e para as crianças. Lembro-me de pensar que não teria de preencher os formulários do imposto de renda, nem os da restituição do Imposto ao Valor Agregado. E pensei: "Será que eles multam você se não morrer de causas naturais? Será que a Receita de Sua Majestade argumentará que escolhi não preencher os formulários porque escolhi me matar? Pode haver uma penalidade para isso."

De modo que me acalmei por algum tempo, e parecia que eu havia adiado o acerto de contas ao olhá-lo cara a cara.

Até os anos 1950, a metade dos suicídios na Inglaterra era por intoxicação por gás. Naqueles tempos, o gás das casas vinha de carvão, que tem um alto teor de monóxido de carbono. O monóxido de carbono não tem cor nem odor e é inimigo das criaturas que dependem de oxigênio. Causa alucinações e depressão. Pode fazer com que você veja aparições — na verdade, existe uma explicação para as casas mal-assombradas: seus vapores não são espectrais, porém químicos. Isso pode ser verdade. O século XIX foi o século de espectros assustadores e visitações sombrias. Foi o século do sobrenatural, na ficção e na imaginação popular.

Drácula, *A mulher de branco*, *A outra volta do parafuso*, O *médico e o monstro*, as visões de M.R. James e de Edgar Allan Poe. A emergência das sessões espíritas semanais.

O século da iluminação a gás e dos fantasmas, que podem muito bem ter sido a mesma coisa. A imagem clássica de um homem ou de uma mulher, sentado tarde da noite ao lado de um poste de iluminação a gás vendo um fantasma pode se explicar por um caso de delírio brando causado pelo envenenamento por monóxido de carbono proveniente do poste.

Quando o gás natural começou a ser utilizado nos anos 1960, a taxa de suicídios na Inglaterra caiu por um terço — talvez por isso houvesse menos fantasmas a serem vistos por nós, ou talvez não estejamos mais tendo alucinações em casa.

Já não é fácil se suicidar com gás. O forno não vai funcionar, e os carros modernos vêm com conversores catalíticos montados de fábrica.

Eu tenho um velho Porsche 911.

Hermann Hesse dizia que o suicídio é um estado de espírito — e existem muitas pessoas, que chamamos vivas, que cometeram um suicídio muito pior do que a morte física. Elas esvaziaram a vida.

Eu não quis esvaziar a vida. Eu amava a vida. Eu amo a vida. A vida é preciosa demais para mim para não vivê-la integralmente. Pensei: "Se não posso viver, então devo morrer."

Meu tempo havia se esgotado. Esse era o sentimento mais forte que eu tinha. A pessoa que saíra de casa aos 16 anos, que tinha derrubado todas as muralhas no caminho, que fora destemida, que não olhava para trás, que era bastante conhecida como escritora, embora de forma controversa (ela é brilhante, ela é um lixo), que tinha ganhado dinheiro, trilhado seu caminho, que tinha sido uma boa amiga, uma amante difícil e volátil, que tivera alguns colapsos menores e um período psicótico, mas sempre fora capaz de resistir e de avançar, aquela Jeanette Winterson estava acabada.

Em fevereiro de 2008, tentei acabar com a minha vida. Meu gato estava na garagem comigo. Eu não sabia disso quando vedei as portas da garagem e liguei o motor do carro. Meu gato estava arranhando meu rosto, arranhando meu rosto, arranhando meu rosto.

Mais tarde naquela noite, deitada no cascalho e olhando as estrelas no céu — as estrelas milagrosas e o bosque que aprofunda a escuridão —, pude ouvir uma voz. Eu sabia que estava tendo uma alucinação, mas era a alucinação que eu precisava ter.

"Todos vocês precisam nascer de novo." "Todos vocês precisam nascer de novo." (João 3:7)

Eu já tinha nascido duas vezes, não é? Minha mãe perdida e minha nova mãe, Mrs. Winterson — essa dupla identidade, por si mesma um tipo de esquizofrenia —, minha ideia de mim mesma como uma garota que é um rapaz que é um rapaz que é uma garota. Duplicidade no coração das coisas.

Mas então compreendi algo. Compreendi que nascer duas vezes não tinha a ver apenas com estar viva de novo, mas com escolher a vida. Escolher estar viva e conscientemente dedicar-se à vida, em todo o seu caos exuberante — e em sua dor.

Eu fora agraciada com a vida e havia feito o melhor possível com o que me fora dado. Mas não havia nada mais a fazer com isso. O que quer que tivesse surgido por meio da coincidência/sincronicidade de eu ter encontrado aqueles papéis da adoção, e de Deborah ter me deixado, foi minha única e melhor chance de ter outra chance.

Era uma corda atravessada no espaço. Era uma chance tanto de me matar como de me salvar, e acredito que o resultado foi uma aposta equilibrada. Era a perda de tudo através do feroz e invisível retorno da perda perdida. A porta que dava para o quarto escuro tinha se escancarado. A porta ao final dos degraus de nossos pesadelos. A porta do Barba-Azul com a chave manchada de sangue.

A porta estava escancarada. Eu entrei. O quarto não tinha chão. Eu caí e caí e caí.

Mas estava viva.

E naquela noite as frias estrelas fizeram uma constelação com os pedaços do meu espírito estilhaçado.

Não havia uma conexão direta. Pode-se afirmar isso lendo essas linhas. Quero mostrar como é quando o espírito trabalha com seu próprio alquebramento.

Em março de 2008, eu estava de cama, recuperando-me e lendo *Minha vida, meus cães*, de Mark Doty.

É um livro de memórias sobre viver com cachorros — na verdade é uma história sobre viver com a vida. Viver com a vida é muito difícil. Na maior parte do tempo, damos o melhor de nós para sufocar a vida — para sermos domados ou arbitrários. Para estarmos tranquilizados ou enraivecidos. Os extremos têm o mesmo efeito; eles nos isolam da intensidade da vida.

E os extremos — seja de entorpecimento ou de fúria — impedem com sucesso o sentimento. Sei que nossos sentimentos podem ser tão intoleráveis que empregamos estratégias engenhosas — estratégias inconscientes — para manter aqueles sentimentos afastados. Fazemos uma troca de sentimentos, com a qual evitamos sentir-nos tristes ou sós ou temerosos ou deslocados, e em vez disso sentimos raiva. Pode funcionar de outro modo também — algumas vezes você precisa sentir raiva, e não deslocado; em outras, precisa sentir amor e aceitação, e não o trágico drama da vida.

É preciso coragem para sentir o sentimento — e não comercializá-lo no mercado de sentimentos, ou mesmo transferi-lo inteiramente para outra pessoa. É tão comum, nos casais, que uma pessoa esteja sempre chorando ou furiosa enquanto a outra parece tão calma e razoável!

Entendi que os sentimentos eram difíceis para mim, embora eu fosse oprimida por eles.

Muitas vezes ouço vozes. Entendo que isso me coloca na categoria dos loucos, mas não ligo muito. Se você acreditar, como eu, que o espírito deseja curar a si mesmo, e que a psique busca coerência e não desintegração, então não é difícil concluir que o espírito manifestará o que for necessário para trabalhar a questão.

Hoje em dia consideramos que as pessoas que ouvem vozes fazem coisas terríveis: assassinos e psicopatas ouvem vozes, assim como os fanáticos religiosos e os homens-bomba. Mas, no passado, as vozes eram dignas de respeito — até mesmo desejadas. O visionário e o profeta, o xamã e a mulher sábia. E o poeta, obviamente. Ouvir vozes pode ser uma coisa boa.

Ficar louco é o começo de um processo, não o resultado final.

Ronnie Laing, o médico e psicoterapeuta que virou o guru dos anos 1960 e 1970, ao pôr a loucura em moda, compreendeu-a como um processo que podia levar a algum lugar. No entanto, esse processo é tão aterrador para a pessoa que participa dele, bem como para as de fora dele, que na maior parte das vezes a única rota são as drogas ou uma clínica.

E a nossa medida da loucura está sempre mudando. É provável que sejamos menos tolerantes com a loucura hoje em dia do que em qualquer outro período da história. Não há lugar para ela. Basicamente, não há mais tempo para a loucura.

Ficar louco leva tempo. Ficar são leva tempo.

Havia uma pessoa dentro de mim, uma parte de mim — seja lá como queiram descrevê-la — tão ferida que estava preparada para me ver morta e assim encontrar paz.

Aquela parte de mim, que vivia sozinha, escondida em um covil sujo e abandonado, sempre se mostrava capaz de organizar um ataque contra o resto do território. Meus violentos acessos de raiva, meu comportamento autodestrutivo, minha necessidade de destruir o amor e a confiança, da mesma forma que o amor e a confiança tinham sido destruídos para mim. Minha imprudência sexual, que não era uma liberação. O fato de que eu não dava valor a mim mesma. Eu estava sempre pronta a pular do telhado da minha própria vida. Não haveria romance nisso? Não seria o espírito criador livre de todos os limites?

Não.

A criação está do lado da saúde — não é o que nos torna loucos; é a faculdade que, em nós, tenta nos salvar da loucura.

A criança perdida furiosa e perversa que vivia sozinha no fundo do pântano não era a criativa Jeanette — era a vítima da guerra. Era a que fora sacrificada. Ela me odiava. Odiava a vida.

Existem tantos contos de fada — vocês os conhecem — nos quais o herói, em situação desesperada, faz um acordo com uma criatura sinistra e obtém o que é preciso — e isso é mesmo preciso — para continuar a jornada. Mais tarde, quando a princesa já foi conquistada, o dragão derrotado, o tesouro resgatado e o castelo decorado para as festas, aparece a sinistra criatura e escapa com o bebê, ou o transforma em um gato ou — como a décima terceira fada que ninguém convidou para a festa — oferece um presente venenoso que aniquila a felicidade.

Essa criatura disforme e assassina, com sua força sobrenatural, precisa ser convidada à nossa casa — mas nos termos certos.

Lembram-se da princesa que beija o sapo — e, oba!, aparece um príncipe? Bem, é necessário beijar aquela coisa repugnante e viscosa normalmente encontrada no brejo ou no lago comendo moscas. Mas transformar essa parte feia e ferida em humana outra vez não é mais um exercício para a bem-intencionada assistente social que há dentro de nós.

É simplesmente a coisa mais perigosa que você pode fazer. É como desmontar uma bomba, só que a bomba é você. Esse é o problema — a coisa horrível é você. Pode estar separada e vivendo com más intenções no fundo do jardim, mas compartilha o seu sangue e come da sua comida. Pise na bola e você afundará junto com a criatura.

E — só para dizer — tal criatura adora um suicídio. A morte é parte do mandato.

Falo assim porque o que se tornou claro para mim, na minha loucura, foi que eu tinha de começar a conversar — com a criatura.

Eu estava deitada na cama lendo *Minha vida, meus cães* quando uma voz fora da minha cabeça — não dentro dela — disse: "Levante-se e comece a trabalhar."

Em me vesti imediatamente e fui para o escritório. Acendi a lareira, sentei-me sem tirar o casaco, porque o lugar estava gelado, e escrevi — *Começou como começam todas as coisas importantes — por acaso.*

A partir daquele dia, todos os dias eu escrevia um livro infantil chamado *The Battle of the Sun* [A batalha do sol].

Todos os dias eu ia trabalhar sem planos, sem uma trama, para ver o que eu tinha a dizer.

E, por isso, estou certa de que a criação está do lado da saúde. Eu ia ficar melhor, e ficar melhor começou com aquele acaso do livro.

Não surpreende que tenha sido um livro infantil. A criatura demente dentro de mim era uma criança perdida. Ela queria que lhe contassem uma história. A adulta que havia em mim tinha de contar uma história para ela.

E uma das primeiras coisas que foi inventada no novo livro era algo que se chamava a Criatura Serrada em Duas.

A criatura que entrou no quarto estava cortada pela metade, bem no meio, de modo que uma metade dela tinha um olho e uma sobrancelha, uma narina, uma orelha, um braço, uma perna, um pé, e a outra metade tinha exatamente o mesmo.

Bem, quase o mesmo, porque, como se a criatura já não fosse suficientemente surpreendente, uma metade dela era macho e a outra era fêmea. A metade feminina tinha seios, ou pelo menos um seio.

A criatura parecia feita de carne, como um ser humano, mas que ser humano já nascido é dividido em dois?

As roupas da criatura eram tão estranhas como a própria criatura. A metade masculina vestia uma camisa com uma manga e um par de calças com uma perna só, e, onde deveriam estar a outra manga e o resto das calças, havia algo cortado e costurado. A criatura tinha um colete de couro sobre a camisa, e esse colete não tinha sido alterado de nenhuma forma, de modo que parecia que metade dele não estava preenchida pelo corpo, o que era verdade.

Abaixo das calças, ou talvez da calça, que é como aquele tubo único deve ser chamado, tendo uma perna e não duas, havia uma meia atada ao joelho e um robusto sapato de couro no fim da meia.

A criatura não tinha barba, mas usava, em sua única orelha, uma única argola de ouro.

A outra metade era igualmente bizarra. Aquela senhora usava meia saia, meia blusa e meio chapéu em sua metade de cabeça.

Na cintura, ou naquela parte dela que teria sido uma cintura, balançava-se um grande molho de chaves. Ela não usava brincos, mas sua mão, mais esguia que a outra, tinha um anel em cada dedo.

A expressão em ambas as metades do rosto era desagradável.

Minha própria criatura desagradável e perversa gostou que eu escrevesse *A batalha do sol*. Ela e eu começamos a conversar. Ela disse: "Não é de admirar que a Deb tenha abandonado você — por que ela ia querer ficar com você? Até mesmo a sua própria mãe desistiu de você.

Você não vale nada. Eu sou a única que sabe, mas você não vale nada."

Escrevi isso em meu bloco de notas. Decidi que estava preparada para falar com essa lunática selvagem apenas uma hora por dia — e enquanto caminhávamos. Ela nunca queria sair para caminhar, mas eu a obrigava.

O estilo conversacional dela era recriminatório (responsabilidade, erro, acusação, exigência, culpa). Ela era parte Mrs. Winterson, parte Caliban. Suas respostas preferidas eram *non sequiturs*. Se eu dizia: "Quero falar do depósito de carvão." Ela dizia: "Você dormiria com qualquer uma, não é?" Se eu dizia: "Por que éramos tão incorrigíveis na escola?" Ela dizia: "A culpa é das calcinhas de náilon."

Nossas conversas eram como a de duas pessoas recorrendo aos livros de frases feitas para dizer coisas que nenhuma das duas entendia. Você pensa que perguntou qual o caminho para a igreja, mas foi traduzido como "preciso de um alfinete de segurança para o meu hamster".

Era loucura — eu disse que era loucura —, mas eu estava determinada a continuar com aquilo. O que tornou isso possível foi a sanidade do trabalho no livro pelas manhãs e a firmeza da jardinagem nas tardes de primavera e de verão. Plantar repolho e feijão faz bem para a gente. Trabalho produtivo faz bem.

A sessão vespertina de loucura continha a demência gotejante que havia se manifestado por toda parte. Dei-me conta de que não estava mais sendo golpeada nem assombrada. Não estava mais sendo atacada por terrores transpiratórios e medos inomináveis.

*

Por que não levei a criatura e a mim mesma para a terapia? Fiz isso, mas não funcionou. As sessões pareciam falsas. Eu não podia dizer a verdade e, de qualquer modo, ela não vinha comigo.

"Entra no carro..." NÃO. "Entra no carro..." NÃO.

Era pior que lidar com uma criança que está começando a andar. Ela era isso, mas tinha outras idades também, porque o tempo não trabalha internamente do mesmo modo que externamente. Algumas vezes, ela era um bebê. Algumas vezes, tinha 7 anos, outras 11 anos, outras 15.

Fosse quem fosse, ela não ia comigo à terapia. "É uma punheta, é uma punheta, é uma punheta!"

Bati a porta com força. "Você quer aprender a comer com garfo e faca?"

Não sei por que disse isso. Ela ficou uma fera.

Então eu ia para terapia, e ela não. Inútil.

Não era de todo inútil, no entanto, porque depois da terapia, em Oxford, eu estava sempre tão cheia de tudo que ia para a livraria Blackwell e, lá, para o Norrington Room, olhar as prateleiras de psicanálise. O Norrington Room é um lugar sério — pensado para a universidade, e tinha todos os textos sobre cérebro/mente/psique/self.

Eu lia Jung desde 1995 — comprei toda a coleção de capa dura. Eu já tinha toda a obra de Freud em capa dura, e sempre li coisas sobre Mente/Corpo/Espírito, porque, se você foi criado pela Bíblia, não larga aquilo tudo simplesmente, seja lá o que digam.

Mas, naquela fase, eu estava procurando por alguma coisa específica, e encontrei Neville Symington, um padre que se tornara psicanalista, que tinha um estilo direto e simples e que não tinha medo de falar sobre o espírito e a alma — não como experiências religiosas, mas como experiências humanas —, que somos mais que corpo e mente — e acho que somos.

Symington ajudou muito, porque eu estava me sentindo suficientemente bem para querer uma estrutura segundo a qual pensar o que estava acontecendo comigo. Antes eu me agarrava à borda do pequeno barco que era a minha vida, esperando não me afogar com a próxima onda.

Em certas ocasiões a criatura aparecia quando eu estava lendo para zombar de mim, para me ferir, mas agora eu já conseguia pedir que ela fosse embora até o nosso encontro no dia seguinte e, milagrosamente, ela ia.

Era verão. *A batalha do sol* estava quase terminando. Eu continuava solitária e sozinha, porém calma e mais sã do que jamais tinha sido, apesar de saber que havia uma parte de mim mergulhada na loucura.

Symington fala sobre como a parte louca tentará fazer naufragar a mente. Aquela tinha sido minha experiência. Agora eu aprendera a contê-la.

Alguns meses mais tarde, estávamos em nosso passeio vespertino quando eu disse algo sobre ninguém ter nos mimado quando éramos pequenas. Eu disse "nós", não "você". Ela segurou minha mão. Nunca tinha feito isso antes. Costumava caminhar alguns passos atrás de mim, lançando suas frases.

Nós duas sentamos no chão e choramos.

Eu disse: "Aprenderemos a amar."

13
Esse encontro acontece no passado

Prezada Senhora,

Em referência a seu requerimento relativo ao arquivo acima mencionado, o Juiz do Distrito considerou seu pedido e fez as seguintes ponderações:

1. A cópia da certidão de nascimento não é uma cópia da entrada no Registro de Crianças Adotadas.

2. O inciso 8B da Seção de Orientação Prática 1.3 prevê que o Requerimento e a Solicitação de Identidade "devem ser levados ao Tribunal", o Tribunal faz uma observação no próprio formulário de Requerimento. A evidência original de identidade deve ser apresentada (não uma cópia).

3. Depois disso, uma cópia versionada dos documentos relevantes, especificados na orientação prática, pode ser enviada. O arquivo como um todo não está aberto para consultas e não pode ser enviado ao Home Office [Ministério do Interior].

Infelizmente será necessário que a senhora compareça pessoalmente diante do Tribunal e entregue a solicitação original de identidade junto com uma cópia autenticada da anotação no Registro de Crianças Adotadas que se relaciona com a senhora.

Essa é uma das muitas peças da minha correspondência com o tribunal que controlava meu arquivo de adoção.

Sou uma mulher inteligente, com muitos recursos, mas o processo de adoção me derrubou. Eu não sabia o que significava "entrada no Registro de Crianças Adotadas" — e demorei quatro e-mails para descobrir. Eu sabia o que queria dizer "versionada", mas me perguntava se outras pessoas o sabiam (não se poderia dizer "a versão editada"?), e me perguntava o que uma carta tão formal e fria podia provocar em pessoas que estavam metidas no caloroso e perturbador processo de procurar sua outra vida.

No que diz respeito ao tribunal, registros de adoção nada mais são do que arquivos com implicações legais, tratados com a linguagem morta e distante da lei, segundo um protocolo que é difícil de acompanhar. Essa não é uma boa razão para contratar um advogado; é uma boa razão para tornar o processo mais simples e menos insensível.

Eu queria parar. Nem estava tão certa de que tinha desejado começar.

Apesar disso, tive sorte, porque havia me apaixonado por Susie Orbach. Era bastante recente, mas ela queria que eu sentisse que estava em lugar seguro, com alguém que me daria apoio e que, de forma bem simples, estaria lá por mim. "Estamos juntas", dizia ela. "Isso significa que você tem direitos." Ela riu com seu sorriso grande e franco.

Conheci Susie algum tempo depois que fracassei na tentativa de entrevistá-la sobre seu livro *Bodies* [Corpos] — que trata do impacto da propaganda e da pornografia nos corpos das mulheres e na imagem que têm de si mesmas.

Meu pai tinha morrido, e todo trabalho teve de ser deixado de lado. Afinal escrevi para Susie, apenas para lhe dizer o quanto gostara de seu livro — de todos os seus livros. Eu havia lido *Gordura é uma questão feminista*, quando tinha 19 anos. Estivera relendo seu livro *A impossibilidade do sexo* e pensando em tentar escrever uma resposta para ele — no sentido mais amplo — chamada *A possibilidade do amor*.

Estou sempre pensando no amor.

Susie me convidou para jantar. Ela havia se separado do marido dois anos antes, depois de um casamento de 34 anos. Eu estava sozinha desde Deborah e a separação. E estava começando a gostar de ficar sozinha outra vez. Mas as grandes coisas da vida nunca são planejadas. Tivemos uma noite muito boa: comida, conversa, o sol se pondo por trás das árvores. Pensei: "Ela parece triste." E me perguntei se eu também não parecia triste.

Nas semanas seguintes, nós nos cortejamos através de letras e pixels — uma corte por e-mail que não podia estar acontecendo, porque Susie era heterossexual e eu havia abandonado o trabalho missionário com mulheres heterossexuais. Mas algo estava acontecendo, e eu não tinha ideia do que fazer a respeito.

Almocei com minha amiga Ali Smith, a escritora. Ela disse: "Beije-a."

Susie foi falar com a filha em Nova York. Lianna disse: "Dá um beijo nela, mamãe."

E assim fizemos.

Nesse lugar de confiança ao lado dela senti que poderia continuar minha busca. A adoção começa em você mesma — você é solitária. O bebê sabe que foi abandonado — estou certa disso. Portanto, a jornada de volta não deve ser feita sozinha. Os terrores e medos são inesperados e estão fora de controle. Você precisa de alguém em quem se agarrar. Alguém que vá segurar sua onda. Isso foi o que Susie fez por mim dia após dia. Outros amigos fizeram sua parte. Mais do que qualquer outra coisa, o tempo maluco e os procedimentos complicados dessa adoção me ensinaram a pedir ajuda e a não agir como a Mulher Maravilha.

Eu havia confessado meus temores à minha amiga Ruth Rendell. Ruth me conhecia desde os meus 26 anos e já tinha me emprestado sua casa de campo para que pudesse ficar lá escrevendo, quando eu estava tentando abrir meu caminho. Escrevi *A paixão* [Editora Record, 2008] naquela casa. Ela tinha sido a Mãe Boa — nunca julgava, apoiava em silêncio, deixava que eu falasse, deixava que eu fosse quem era.

Ela é um par trabalhista e, portanto, pertence à Câmara dos Lordes. Conhece muita gente e achou que podia ajudar. Convocou algumas baronesas para uma conversa privada, e o consenso foi que eu deveria proceder com a máxima cautela.

Sou bastante conhecida no Reino Unido e, se eu fosse conhecer minha mãe, ia querer que ela conhecesse a mim, não a pessoa pública. E eu não podia suportar os jornais se apropriando da minha história. *Oranges* é uma história de adoção, é o livro identificado comigo.

Posso ser meio paranoica, mas é uma paranoia justificada. Tive alguns jornalistas de plantão no meu jardim para "descobrir" quem eram minhas namoradas, e eu me preocupava com o fato de que alguns ficariam mais do que contentes de "descobrir" minhas mães perdidas também.

Eu não me sentia confortável de ter de preencher um formulário e colocá-lo no correio, de contar minha história para uma assistente social — requisito obrigatório, no Reino Unido, para abrir um arquivo de adoção fechado.

Minha busca era complicada porque, antes de 1976, todas as adoções no Reino Unido eram feitas com base em registros fechados. Às mães e às crianças era assegurado anonimato por toda a vida. Quando a lei mudou, pessoas como eu podiam solicitar suas certidões de nascimento originais, e talvez tentar contatar os pais há muito perdidos. Mas tudo devia ser feito com visibilidade e de maneira formal. Isso me parecia pesado demais.

Ruth me pôs em contato com Anthony Douglas, diretor da Cafcass — serviço de assessoramento do tribunal da família e da criança do Reino Unido. Ele também é adotado e, depois de uma reunião na qual entendeu minha situação, ofereceu-se para me ajudar a procurar minha mãe sem o risco de que vazasse para o domínio público antes que eu estivesse pronta.

Dei a Anthony os nomes que havia carregado comigo por 42 anos — os nomes de meus pais — Jessica e John — e seus sobrenomes, mas não posso escrevê-los aqui.

Poucas semanas depois, Anthony me ligou para dizer que meu arquivo fora encontrado, mas por pouco, porque o Cartório de Registros de Southport — o meu caso estava arquivado no porão — tinha sido inundado pela água do mar e muitos arquivos ficaram irremediavelmente danificados. Voltei os olhos para o céu. Mrs. Winterson certamente ouvira que eu estava procurando e arranjara uma inundação.

Uma semana depois, Anthony ligou outra vez. Meu arquivo tinha sido aberto, mas os nomes que eu lhe dera não batiam com os nomes do arquivo.

Então de quem era aquela certidão de nascimento que encontrei na gaveta?

E quem sou eu?

O passo seguinte era correr o risco que eu tanto temia: fazer uma solicitação ao Ministério do Interior da forma normal, o que significava visitar uma assistente social no Cartório Geral de Registros de Southport, no Lancashire.

Susie tirou o dia livre no trabalho para ir comigo. Concordamos que eu iria até Londres me encontrar com ela no dia da visita, porque é melhor dormir na própria cama na noite anterior a esse tipo de evento.

Naquela manhã, o trem que eu pretendia pegar foi cancelado e o trem seguinte ia cada vez mais devagar, com problema na locomotiva. Quanto mais lentamente ia o trem, mais rapidamente batia o meu coração. Além disso, acabei sentando ao lado de alguém que eu conhecia vagamente, que tanto mais falava quanto menos nos movíamos.

Quando cheguei a Paddington me dei conta de que tinha exatamente quatorze minutos para chegar à estação King's Cross. Impossível. Aquilo era Londres. Levaria pelo menos vinte minutos de táxi. Havia uma única esperança: a Virgin Limobikes — um serviço de moto-táxi que eu usava.

Quando saí correndo da Estação Paddington uma moto se aproximou. Pulei na garupa, o motor roncou e fomos desviando do tráfego de Londres, e, embora eu não seja propriamente uma gatinha assustada, tive de fechar os olhos.

Oito minutos depois, eu estava na plataforma da King's Cross. Mais três minutos, e avistei Susie — com todos os seus um metro e 56 centímetros, botas de caubói de camurça, saia curta, cabelo amarrotado e um casaco dourado Calvin Klein. Parecia amável e deslumbrante, mas ocupava toda a entrada com seu corpo, parcialmente flertando com o perplexo guarda e parcialmente lhe dando ordens. Mas ela não ia deixar o trem sair antes que eu estivesse nele.

Tropecei pela porta do trem. O apito tocou.

Estávamos a caminho do Cartório Geral de Registros com meu passaporte e dois pedaços de papel dobrados e amarrotados — a ordem judicial e o atestado de exame do bebê. Eu tinha nascido com dois quilos novecentos e setenta gramas.

Susie e eu estamos sentadas em um escritório funcional do tipo reconhecível em qualquer lugar do mundo: mesa em MDF envernizada, pés de metal, um conjunto de mesa de centro rodeada por cadeiras estofadas em tons verde-marciano e laranja-psicótico. Quadrados de carpete no piso. Um arquivo metálico e um quadro de avisos. Um grande aquecedor. Janela sem cortinas.

Susie está entre as mais qualificadas psicanalistas do mundo. Ela ficou sorrindo para mim quando a reunião começou, sem dizer nada, apoiando-me com seu espírito. Eu podia sentir aquilo muito claramente.

A assistente social é uma mulher calorosa e espontânea chamada Ria Hayward.

Ela fala um pouco sobre proteção de dados, sobre as várias leis de adoção do Reino Unido e sobre os caminhos

normais de contato. Se eu quisesse ir adiante, havia for-
malidades a serem cumpridas. Sempre há.

Ela olhou para meus pedaços de papel — a ordem
judicial e o atestado de exame do bebê — e observou que
minha mãe me amamentara.

"Era a única coisa que ela podia lhe dar. Ela lhe deu
o que pôde. Não precisava fazer aquilo e teria sido muito mais fácil para ela se não tivesse feito. É um vínculo
tão forte, a amamentação. Quando ela a entregou para
adoção, com seis semanas de idade, você ainda era parte
do corpo dela."

Não quero chorar. Estou chorando.

Então Ria me passa seu próprio pedaço de papel com
uma etiqueta colada.

"Este é o nome de sua mãe biológica, e este é o seu
nome original. Nunca olho o nome porque penso que a
pessoa adotada deve ser a primeira a vê-lo."

Estou de pé. Não consigo respirar.

"Então é isso?"

Susie e Ria estão sorrindo para mim, enquanto levo o
papel até a janela. Leio os nomes. Depois, lágrimas.

Não sei por quê. Por que choramos? Os nomes pareciam runas.*

Escrito no corpo há um código secreto, visível somente
sob certa luz.

Ria: "Ao longo dos anos, orientei muitas mães que davam
seus filhos para adoção e posso lhe dizer, Jeanette, que

---

*As runas surgiram há mais de 3 mil anos, entre os vikings. São letras mágicas
gravadas em pedras separadas, e servem como oráculo. (*N. do T.*)

elas nunca queriam fazê-lo. Você foi uma criança desejada — compreende isso?"

Não. Nunca me senti como uma criança desejada. Sou o berço errado.

"Compreende isso, Jeanette?"

Não. E toda a minha vida tenho repetido padrões de rejeição. Meu sucesso com os livros parecia coisa de penetra. Quando os críticos e a imprensa se concentravam em mim, eu rugia de volta, com raiva, e não, eu não acreditava nas coisas que diziam de mim ou do meu trabalho, porque o que escrevo sempre esteve claro e luminoso para mim, não contaminado, mas eu sabia que não tinha sido uma criança desejada.

E amei de forma mais extravagante quando meu amor não podia ser devolvido de um modo que fosse são e firme — os triângulos com gente casada e afinidades eletivas complexas. Falhei em amar bem quando poderia tê-lo feito e permaneci em relacionamentos tempo demais porque não queria ser vista como alguém que desistia, que não sabia amar.

Mas eu não sabia amar. Se eu pudesse ter enfrentado esse simples fato a respeito de mim mesma e a probabilidade de que alguém com a minha história (minhas histórias, tanto a real como a inventada) tivesse grandes problemas com o amor, então, então o quê?

Escutem: somos seres humanos. Escutem: tendemos a amar. O amor está aí, mas temos de ser ensinados a amar. Queremos ficar de pé, queremos andar, mas alguém precisa segurar nossa mão e nos equilibrar um pouco, guiar-nos um pouco, fazer-nos levantar quando caímos.

Escutem: nós caímos O amor esta aí, mas precisamos aprendê-lo — aprender suas formas e suas possibilidades.

Ensinei a mim mesma a ficar de pé, mas não pude me ensinar a amar.

Temos capacidade para a linguagem. Temos capacidade para o amor. Precisamos de outras pessoas para libertar essas capacidades.

Em meu trabalho descobri uma maneira de falar sobre o amor, e isso era real. Não descobri uma maneira de amar. E isso estava mudando.

Estou sentada na sala com Susie. Ela me ama. Quero aceitar isso. Quero amar bem. Estou pensando nos últimos dois anos e em como tenho dado o melhor de mim para dissolver as calcificações em volta do meu coração.

Ria sorri, e sua voz vem de muito longe. Tudo isso parece muito presente, porque é tão incômodo, e muito longe, porque não posso concentrar minha atenção. Ria sorri.

"*Você foi uma criança desejada, Jeanette.*"

No trem de volta para casa, Susie e eu abrimos meia garrafa de bourbon Jim Beam. "Isto é contra o regulamento", diz ela e, como sempre acontece com Susie: "Como você está se sentindo?"

Na economia do corpo, a autoestrada límbica tem precedência sobre os caminhos neurais. Fomos projetados e construídos para sentir, e não há um pensamento, nenhum estado da mente, que não seja também um estado de sentimento.

Ninguém pode sentir demais, embora muitos de nós trabalhemos muito para sentir demasiadamente pouco.

Sentir é assustador.

Bem, eu acho isso.

*

O trem estava quieto, da maneira exausta dos últimos trens para casa. Susie estava sentada na minha frente, lendo, seus pés enrolados nos meus debaixo da mesa. Eu continuava com um poema de Thomas Hardy dando voltas na minha cabeça.

Never to bid good-bye
Or lip me the softest call,
Or utter a wish for a word, while I
Saw morning harden upon the wall,
Unmoved, unknowing
That your great going
Had placed that moment, and altered all.*

Foi um poema que aprendi depois que Deborah me deixou, mas a "grande partida" já havia acontecido quando eu tinha 6 semanas de idade.

O poema encontra a palavra que encontra o sentimento.

Ria tinha me dado o nome do cartório que talvez ainda tivesse meus registros de adoção. A vida era local em 1960, e embora eu pensasse que deveria procurar algum lugar em Manchester, resultou que meus registros estavam em Accrington. Eu tinha passado em frente a eles todos os dias da minha vida até sair de casa.

Escrevi uma carta simples perguntando se o arquivo havia sido conservado.

---

*Jamais dizer adeus / ou murmurar-me o chamado mais suave, / ou pronunciar o desejo por uma palavra, enquanto eu / via a manhã endurecer-se sobre a muralha, / imóvel, sem saber / que sua grande partida / causou aquele momento, e tudo alterou. (*N. do T.*)

Duas semanas mais tarde, recebi uma resposta. Sim, o arquivo fora localizado, e agora minha solicitação para vê-lo seria enviada ao juiz.

Não gostei daquilo. Ria me dissera que era meu direito ver os registros, embora ninguém pudesse saber o que estaria ou não neles. Algumas vezes há muito material, outras muito pouco. No mínimo, eu poderia descobrir o nome da instituição de adoção que havia me encaminhado aos Winterson — o nome que fora arrancado tão violentamente da parte superior do amarelento e desbotado atestado de exame do bebê.

Eu queria ver aqueles registros. Quem seria esse juiz, esse homem desconhecido com tanta autoridade? Eu estava zangada, mas sabia o suficiente para compreender que estava me aproximando de uma raiva radioativa muito antiga.

Susie tinha ido para Nova York, onde se viu ilhada pela nuvem de cinzas que fizera todos os aviões da Europa e do Atlântico ficarem presos em terra.

Eu estava sozinha quando chegou outra carta do tribunal. O juiz havia se pronunciado: "A requerente deve preencher o formulário adequado e consultar novamente."

A carta aconselhava: arranje um advogado.

Sentei no degrau da escada, olhando a carta várias vezes, como alguém que não soubesse ler. Meu corpo tremia levemente, como acontece quando alguém fica preso a uma cerca eletrificada.

Fui para a cozinha, peguei um prato e o atirei contra a parede... "Requerente... formulário adequado... consultar novamente..." Não é um pedido de uma porra de um cartão de crédito, seu babaca.

E o que aconteceu em seguida me faz ficar envergonhada, mas vou me obrigar a escrever: eu me molhei.

Não sei por que, nem como. Sei que perdi o controle da bexiga, que sentei no degrau, suja e molhada, e não pude me levantar para me secar. E chorei do jeito que se chora quando não há nada a fazer senão chorar.

Não havia nada a que se agarrar. Eu não era Jeanette Winterson em sua própria casa, com livros nas estantes e dinheiro no banco; eu era um bebê, estava com frio, molhada, e um juiz tinha levado embora minha mamãe.

Mais tarde, já seca e com roupas limpas, tomei um drinque. Liguei para Ria. Ela disse: "Não há um formulário adequado. Você não precisa de advogado. Isso é loucura. Deixe comigo, Jeanette. Vou ajudá-la."

Naquela noite, deitei na cama pensando no que acontecera.

Será que aquele juiz de vara de família que era tão experiente não tinha ideia do que é a gente estar de pé na borda da própria vida e olhar para a cratera lá embaixo?

Era tão difícil assim me enviar o formulário "adequado" ou me dizer onde eu podia consegui-lo na Internet, ou mandar um funcionário do tribunal me explicar os termos legais?

Comecei a tremer outra vez.

A "perda perdida" é imprevisível e não civilizada. Fui jogada de volta no lugar de desamparo, impotência e desespero. Meu corpo respondeu antes que minha mente. De forma geral, uma carta pomposa e confusa do mundo legal me faria rir, e eu saberia lidar com ela. Não tenho medo de advogados e sei que a lei é grandiosa e projetada para intimidar, mesmo quando não há razão para isso. É pensada para fazer pessoas comuns se sentirem deslocadas. Eu não me sinto deslocada — mas também não espero ter 6 semanas de idade outra vez.

Ria começou a pesquisar e descobriu que, depois da simplicidade útil da reunião inicial com ela, a realidade subsequente de lidar com os tribunais frequentemente se revelava dura demais. As pessoas desistiam.

Decidimos que tudo o que viesse a surgir daquela minha busca seria usado para formular algumas diretrizes para os tribunais e um roteiro para os clientes, de modo a tornar o processo menos doloroso.

Uma funcionária do Cartório Geral de Registros que queria me ajudar escreveu diretamente para o tribunal, dizendo que eu já havia sido identificada pelo Ministério do Interior, que ela podia verificar minha pessoa e meu caso, e ainda que ela iria pessoalmente receber o arquivo do tribunal.

Não, disse o juiz. Não é o procedimento.

Eu me pergunto o que iriam querer de mim se eu vivesse em outro país. Teria de comprar uma passagem aérea, vir até aqui e fazer isso em um lugar estranho, sem contar com nenhum apoio, a não ser que eu comprasse duas passagens de avião? E todas aquelas crianças do pós-guerra que foram para a Austrália?

As vidas das pessoas são menos importantes do que os processos legais...

Susie e eu marcamos um encontro no tribunal de Accrington.

Na sala de espera havia uma fila de homens jovens, deprimentes, vestidos com ternos mal cortados, tentando se livrar de multas por dirigirem embriagados. As moças usavam maquiagem completa, parecendo desafiadoras, porém amedrontadas com alguma acusação de furto em lojas ou perturbação da ordem pública.

Fomos levadas a uma sala de interrogatório, onde os advogados falam com os clientes, e depois de algum tempo o funcionário do tribunal chegou, parecendo atarefado e infeliz. Senti pena dele.

Ele trazia um arquivo antigo em uma das mãos e um grande e volumoso livro de procedimentos na outra. Sabia que eu ia criar problema.

Na verdade, fiquei tão angustiada quando vi os papéis em cima da mesa — os documentos com todos os pormenores do início da minha vida — que mal pude falar. Uma das coisas que sobressaem dessa minha retroexperiência de adoção, dessas legalidades alienantes é que tropecei nas minhas próprias palavras, hesitei, diminuí o ritmo e finalmente fiquei em silêncio. A perda perdida que vivencio como dor física é a pré-linguagem. Aquela perda acontecera antes que eu tivesse idade de falar, e volto para aquele lugar, sem fala.

Susie foi encantadora, determinada, incansável. O pobre homem não estava certo do que podia nos dizer ou não. Havia tanta coisa que eu queria saber — mas o juiz ainda não havia autorizado a cópia "versionada". Eu devia preencher e assinar alguns formulários pessoalmente, ir embora e esperar que os documentos me fossem enviados mais tarde.

Mas o arquivo estava em cima da mesa... Mais tarde não... que seja agora.

O funcionário do tribunal concordou em me dizer o nome da instituição de adoção. Aquela era uma informação muito útil. Ele o escreveu em um pedaço de papel e fotocopiou o original com a caligrafia do secretário da instituição — ah, parecia tão antigo. Os formulários que ele está segurando são amarelos e preenchidos à mão.

A data do nascimento da minha mãe está lá? Isso me ajudaria a encontrá-la. Ele balança a cabeça. Não pode me dizer isso.

Muito bem. Então escute: minha mãe adotiva, Mrs. Winterson, sempre disse que minha mãe biológica tinha 17 anos quando eu nasci. Se eu soubesse sua idade, poderia começar a usar o site de ancestralidade para encontrá-la — mas o nome dela é comum demais, e embora eu tenha afunilado a pesquisa até chegar a duas prováveis possibilidades, não sabia qual das duas seguir. E ambas poderiam estar erradas. Aqui é onde o caminho se bifurca. Aqui é onde o universo se divide. Ajude-me.

Ele está suando. Procura no livro de procedimentos. Susie me diz para sair da sala.

Saio pela porta giratória e vou até a calçada onde se encontram os jovens que eu vira antes, alguns parecem arrogantes e aliviados, outros desesperados, todos fumam e falam ao mesmo tempo.

Desejo não estar ali. Desejo não ter começado tudo aquilo. Por que comecei?

E estou de volta à caixa trancada com a louça Royal Albert dentro dela e os papéis escondidos debaixo, mais no fundo a certidão de nascimento equivocada. E quem terá sido a mulher que veio até nossa porta, assustou Mrs. Winterson até as lágrimas e a deixou com raiva?

Quando voltei para a sala de interrogatório, Susie tinha conseguido do funcionário do tribunal uma promessa de que ia perguntar ao juiz o que poderia ou não me revelar sobre o arquivo. Voltaríamos em 45 minutos.

Caminhamos até um café que servia grandes xícaras de chá e nos sentamos a uma mesinha do lado de fora. Reconheci aquele lugar que servia hambúrgueres e batatas fritas como o velho Palatine, que Mrs. Winterson adorava, aquele das torradas com feijão e das janelas embaçadas do meu futuro nos campos missionários.

"Tive de fazer você sair para que calasse a boca", disse Susie. Olhei para ela admirada. Pensei que tivesse ficado totalmente calada. "Você não se lembra do que disse? Na verdade, não era nada. Eram só balbucios. Pobre homem."

Mas eu não balbucio! E minha mente está em branco — não um pouco, absolutamente em branco —, na certa estou ficando louca de novo. Eu devia parar com tudo isso agora mesmo. Odeio estar em Accrington. Não quero me lembrar de nada disso.

Não voltara aqui desde o enterro do papai.

Durante o meu período de loucura, eu ia ao Lancashire uma vez por mês, de carro, para visitar meu pai, e ele também passava algum tempo comigo no campo. Estava ficando cada vez mais fraco, mas adorava as visitas, e em 2008 ele foi à minha casa para o Natal.

Consegui que o trouxessem de carro, e ele ficava sentado em frente à lareira, olhando pela janela. O médico o aconselhara a não viajar, mas ele estava determinado a vir e eu também. Falei com o médico dele, que me dissera que papai mal comia.

Quando chegou, perguntei-lhe muito gentilmente se ele queria morrer, e papai sorriu para mim e disse: "Depois do Natal."

Era uma piada e não era. Na noite de Natal, compreendi que não conseguiria levá-lo até a cama. Acomodei almofadas na frente da lareira e, meio puxando, meio empurrando, passei-o da poltrona para essa cama improvisada, porém confortável. Tirei a roupa dele e pus o pijama. Ele logo adormeceu diante do fogo que se extinguia, e sentei-me ao lado dele, falando com ele, dizendo-lhe que eu queria ter feito as pazes mais cedo, mas que era uma coisa boa, uma coisa feliz, que tivéssemos conseguido.

Fui para cama e acordei de repente, por volta das quatro da manhã. Desci as escadas. Os gatos tinham deitado na cama improvisada, muito calmos, e papai respirava levemente, mas respirava.

O céu estava cheio de estrelas, e naquela hora da madrugada elas parecem mais baixas e mais próximas. Abri as cortinas para deixar as estrelas entrarem, para o caso de papai despertar, neste mundo ou em algum outro.

Ele não morreu naquela noite, e dois dias depois Steve, um membro da igreja, veio buscá-lo para levá-lo de carro de volta para Accrington. Quando saíram, dei-me conta de que, no meio daquela confusão de malas, tortas de carne e presentes, eu não tinha dito adeus, então pulei no meu Land Rover e fui atrás deles, mas, quando consegui me aproximar do carro, no semáforo da colina, as luzes mudaram rapidamente, e eles sumiram na estrada.

No dia seguinte papai morreu.

Dirigi até o asilo, em Accrington. Papai estava deitado em seu quarto, barbeado e vestido. Nesta, a dona do lugar, tinha feito tudo. "Gosto de fazer isso", disse ela. "É meu modo de ser. Sente-se aqui com ele enquanto faço um pouco de chá."

Era tradição no Norte da Inglaterra: se você quisesse mostrar respeito, servia o chá em xícaras pequenas. Nesta, que é uma mulher enorme, voltou com o chá servido em um jogo de xícaras de casa de boneca, com pinças para açúcar do tamanho de pinças de sobrancelhas. Ela sentou-se na única cadeira do quarto e eu me sentei no divã com Papai Morto.

"Você terá de falar com o médico-legista", disse ela. "Pode ser que você o tenha envenenado."

"Envenenado meu pai?"

"Sim, com uma torta de carne. O médico disse para ele não viajar — ele chegou na sua casa vivo —, voltou para cá e caiu morto. Eu culpo Harold Shipman."

Harold Shipman era o mais recente de uma longa linhagem de médicos macabros que haviam matado um grande número de pacientes idosos. Mas ele não havia matado papai.

"Quero dizer", disse Nesta, "que, depois de Harold Shipman, eles prestam atenção em tudo, hoje em dia. O legista terá de liberar o corpo antes que você possa enterrar seu pai. Eu digo que Harold Shipman prestou um desserviço para todo mundo."

Ela serviu mais chá e sorriu para papai. "Olhe só para ele. Ele também acha. Pode-se ver."

O médico-legista liberou o corpo, mas os momentos de humor negro não haviam terminado. Papai tinha um lote, mas depois do funeral, quando chegamos ao cemitério, descobri que meu pagamento em cheque para o trabalho de abrir a cova não havia chegado. A cova estava pronta, mas o cemitério queria o dinheiro. Fui ao escritório e perguntei o que fazer. Um dos homens começou a explicar onde eu poderia encontrar o caixa eletrônico mais próximo. Eu disse: "Meu pai está lá fora no caixão. Não posso ir a um caixa eletrônico."

"Bem, normalmente insistimos no pagamento antecipado porque, uma vez que alguém é enterrado, não se pode simplesmente retirá-lo da cova se os parentes não pagarem."

Tentei assegurar-lhes de que não daria um calote. Felizmente eu tinha um exemplar de *Oranges* na bolsa — eu ia colocá-lo no caixão do papai, mas mudei de ideia. Ficaram bastante impressionados com o livro, e um deles tinha ouvido falar dele na televisão, de modo que... depois de algumas idas e vindas, concordaram em aceitar outro cheque, e meu pai, em seu caixão de salgueiro, foi baixado à sepultura que compartilha com sua segunda mulher. Esse fora o seu desejo.

Mrs. Winterson jaz um pouco mais adiante. Sozinha.

Já era hora de voltar para o tribunal. "Mantenha a boca fechada", disse Susie.

O funcionário do tribunal parecia bem mais alegre. Tinha sido autorizado pelo juiz a confirmar a idade da minha mãe, embora não sua data de nascimento. Ela tinha 17 anos quando nasci. Mrs. Winterson dissera a verdade.

Levei Susie para conhecer minha casa, no número 200 da Water Street, a Igreja Elim, na Blackburn Road, e a biblioteca, agora vergonhosamente despojada de vários de seus livros, inclusive os de Literatura Inglesa de A a Z.

Como a maior parte das bibliotecas do Reino Unido, os livros agora são menos importantes do que os terminais de computação e do que o empréstimo de CDs.

Depois dirigimos de volta para Manchester, passando por Blackley, onde minha mãe costumava morar. Estaria ela em casa agora? Seria ela aquela mulher no ponto de ônibus?

Mrs. Winterson me dissera que ela estava morta. Verdade? Mentira?

A instituição de adoção já não existia havia muito tempo, e agora era preciso achar outro arquivo em decomposição. Telefonei para a nova autoridade a ser enfrentada e, meio tropeçando, meio balbuciando, dei meus dados.

"Qual o seu nome?"

"Jeanette Winterson."

"Não, seu nome de nascimento. Esse é o que estará em nossos arquivos, não Winterson. Você escreveu aquele livro *Oranges Are Not the Only Fruit*?

Pesadelo pesadelo pesadelo.

Deixei-os lidando com o arquivo e me pus a investigar o site de ancestralidade.

Sou totalmente desinteressada em guardar registros. Queimo meu trabalho em andamento e queimo meus diários. E destruo cartas. Não pretendo vender meus papéis de trabalho para o Texas e não quero que meus papéis pessoais se tornem teses de doutorado. Não entendo essa obsessão com árvore genealógica. Nem devia, não é?

Minha exploração na Internet me levou a acreditar que minha mãe havia se casado depois que fui adotada. O nome do meu pai não constava na minha certidão de nascimento e, assim, eu não tinha como saber se os dois haviam começado uma nova vida juntos, um novo começo, ou se ela fora levada a viver com outra pessoa.

De qualquer maneira, senti instantânea e injustificada antipatia pelo homem com quem ela se casara, rezando para que não fosse meu pai. O nome dele não é Pierre K. King, mas é um nome parecido, com seu absurdo afrancesamento.

Então, para meu alívio, descobri que ele e minha mãe se divorciaram bastante rapidamente e que ele morreu em 2009.

Mas descobri que tenho um irmão, ou pelo menos um meio-irmão, e que portanto eu não devia ser rude com o pai dele, que pode ou não ter sido meu pai.

O que os fez se livrarem de mim? Tinha de ser culpa dele, porque eu não podia deixar que fosse dela. Eu tinha de acreditar que minha mãe me amava, e isso era arriscado. Podia ser uma fantasia. Se eu fora uma criança desejada, porque me tornara indesejável seis semanas mais tarde?

E eu me perguntava se grande parte da minha negatividade com relação aos homens em geral não estaria ligada a esses começos perdidos.

Não me sinto mais negativa em relação aos homens: isto foi outra coisa que mudou decisivamente enquanto eu estava ficando louca. Os homens que eu conhecia eram gentis comigo, e descobri que podia confiar neles. Mas a mudança no meu coração era mais do que específica: era uma compaixão maior por todo o sofrimento e pelo despreparo dos seres humanos, homens ou mulheres.

Mas sendo a nova JW ou não, eu estava muito zangada com o marido da minha mãe. Queria matá-lo mesmo que já estivesse morto.

Nenhuma palavra da instituição de adoção. Precisei gritar comigo mesma antes de conseguir ligar para eles de novo. Discar o número me tranquiliza e me deixa sem fôlego.

São todos muito gentis — sentimos muito —, perderam meu número de telefone. Ah, eu não posso ver o arquivo, mas minha assistente social pode, desde que ela não me passe os detalhes sobre os Winterson, o que é uma regra bem estranha, penso eu, particularmente agora que ambos estão mortos.

Ria escreveu pedindo para ver o arquivo; enquanto isso foi meu aniversário, enquanto isso perdi o rastro da minha mãe, porque as mulheres mudam de nome. Ela se casou outra vez? Está viva?

Isso me preocupa. Todo esse esforço, e talvez ela esteja morta. Sempre acreditei que ela estivesse morta... Uma história de Mrs. W.

Susie e eu estamos voando para Nova York no dia do meu aniversário. Susie diz: "Acho que você sabe amar."

"Sei?"

"Não acho que você saiba ser amada."

"O que você quer dizer com isso?"

"A maior parte das mulheres pode dar — somos treinadas para isso —, mas a maioria delas acha difícil receber. Você é generosa e gentil — eu não ia querer ficar com você se não fosse assim, não importa quão inteligente e imponente seja —, mas nossos conflitos e nossas dificuldades giram em torno do amor. Você não acredita que eu a amo, não é?"

Não... Eu sou o berço errado... Isso não vai dar certo, como todo o resto. No fundo do coração, acredito nisso.

O trabalho de amor que preciso realizar agora é acreditar que a vida será boa para mim. Não preciso ficar sozinha. Não preciso lutar por tudo. Não preciso lutar contra tudo. Não preciso fugir. Posso ficar porque esse é um amor ofertado, amor são, firme, estável.

"E se tivermos de nos separar", diz Susie, "você saberá que teve um bom relacionamento."

Você é uma pessoa desejada. Você entende isso, Jeanette?

Ria e eu nos encontramos em Liverpool, onde ela mora. Ela entra no saguão do meu hotel com outro envelope e sinto a familiar boca seca e o coração acelerado.

Tomamos um drinque. Do envelope surge outro formulário antigo.

"Bem", diz Ria, "credenciais completas da classe trabalhadora — seu pai era mineiro! E tinha apenas um metro e cinquenta e seis de altura. Veja, alguém escreveu isso a lápis no verso. Gostava de esportes. Tinha 21 anos. Cabelo escuro."

E não é Pierre K. King! Alegria!

Penso em meu próprio corpo. Tenho exatos um metro e cinquenta — e a regra genética é que as filhas não são mais altas que seus pais, de modo que fiz o que pude em relação à altura.

Tenho a parte superior do corpo forte — do tipo feito para rastejar em túneis baixos, puxar vagonetas de carvão e usar ferramentas pesadas. Posso levantar Susie no ar facilmente — em parte porque vou à academia, mas também porque minha relação de potência está na minha metade superior. E sempre tive um pulmão problemático... a herança do mineiro.

E fico pensando que, em 1985, o ano da publicação de *Oranges*, Margareth Thatcher estava esmagando o Sindicato Nacional de Mineiros para sempre. Meu pai estava nos piquetes?

No formulário, lê-se a data de nascimento da minha mãe enfim! Ela é sagitariana, assim como meu pai.

O formulário continua. Razão da adoção. Minha mãe escrevera à mão: *Melhor que a Janet tenha uma mãe e um pai.*

Sei, por minha navegação nos sites de ancestralidade, que o pai dela morreu quando ela completou 8 anos. E sei que tinha nove irmãos.

Melhor que a Janet tenha uma mãe e um pai.

Então eu era Janet — não muito diferente de Jeanette — mas foi Mrs. Winterson que afrancesou. É, era bem dela fazer isso...

"Não estou autorizada a contar muito sobre os Winterson para você", disse Ria. "A informação aqui é confidencial, mas há cartas de Mrs. Winterson dizendo que ela espera ser capaz de adotar um bebê e há uma anotação da assistente social que os visitou relatando que o banheiro externo era limpo e funcionava bem... e ainda um comentário sobre seus futuros papai e mamãe: 'Nada que chamaríamos de moderno.'"

Ria e eu morremos de rir — aquele bilhete era de 1959. Se não eram modernos naquela época, como poderiam alcançar a modernidade depois que os anos 1960 aconteceram?

"E tem mais uma coisa", disse Ria. "Você está pronta?"

Não. Não estou pronta para nada disso. Tomemos outro drinque Naquele instante, entra no saguão uma diretora de teatro que conheço superficialmente — ela está hospedada no hotel. Logo estamos as três tomando drinques e jogando conversa fora, e tudo o que quero é ser um desses personagens de desenho animado com uma serra cortando o chão em um grande círculo ao redor da minha poltrona.

O tempo passa.

Você está pronta?

"Houve outro bebê... antes de você... um menino... Paul."

Paul? Meu irmão Paul, invisível e santificado? O menino que eles poderiam ter tido. Aquele que nunca teria afogado a boneca no laguinho ou manchado o pijama de tomate. O Demônio nos levou para o berço errado. Estamos de volta ao começo? E a certidão de nascimento que achei era na verdade de Paul?

Ria não sabe o que aconteceu com Paul, mas há um bilhete de Mrs. Winterson que não estou autorizada a ver, expressando grande desapontamento e explicando que já havia comprado as roupas de bebê de Paul e não teria condições de pagar um novo enxoval.

Estou começando a me dar conta de que Mrs. Winterson esperava um menino e que, como ela não podia pagar roupas novas, eu tinha sido vestida como um menino... E assim comecei a vida, não como Janet, nem Jeanette, mas como Paul.

Ah não, ah não, ah não. Eu pensava que minha vida fora toda definida pela minha escolha sexual e pelo feminismo e... e a verdade é que comecei como um menino.

Não pergunte por quem os sinos dobram.

Há um humor tão ferino nessa explicação absurda que meus sentimentos com relação a todas as minhas mães e a todas as minhas identidades de súbito são alegres e não temerosos. A vida é ridícula. Vida louca e caótica. E estou recitando na minha cabeça o poema de Anne Sexton — o último de sua coleção *The Awful Rowing Toward God* [O terrível remar na direção de Deus], de 1975. Trata-se daquele intitulado "The Rowing Endeth" [O remar termina]. Ela senta-se com Deus e...

'On with it!' He says and thus
we squat on the rocks by the sea
and play — can it be true —
a game of poker.
He calls me.
I win because I hold a royal straight flush.
He wins because He holds five aces
A wild card had been announced
but I had not heard it
being in such a state of awe
when He took out the cards and dealt.
As He plunks down His five aces
and I sit grinning at my royal flush,
He starts to laugh,
the laughter rolling like a hoop out of His mouth
and into mine,
and such laughter that He doubles right over me
laughing a Rejoice-Chorus at our two triumphs.
Then I laugh, the fishy dock laughs
the sea laughs. The Island laughs.
The Absurd laughs.

Dearest dealer,
I with my royal straight flush,
love you so for your wild card,
that untamable, eternal, gut-driven ha-ha
*and lucky love.**

E amor afortunado. Sim. Sempre.

Susie me diz que as mães fazem tudo com bebês meninos de modo diferente — elas os seguram de modo diferente e falam com eles de modo diferente. Ela crê que, se Mrs. Winterson havia se preparado psicologicamente para um menino durante o longo processo de espera pela adoção, ela não teria sido capaz de mudar seu mecanismo interno quando recebeu uma menina. E eu, sensível a todos os sinais, porque estava tentando sobreviver a uma perda, tentava negociar o que estava sendo ofertado e o que estava sendo pedido.

Quero dizer que não acho que a identidade ou a identidade sexual se fixa desta maneira, mas penso que faz sentido para entender o que se passou comigo — sobre-

---

*"Adiante com isso!" Ele diz e assim/ nos agachamos sobre as rochas à beira-mar/ e jogamos — pode ser isso verdade —/ um jogo de pôquer./ Ele paga para ver./ Eu ganho porque tenho um *royal straight flush*./ Ele ganha porque tem cinco ases/ Um coringa tinha sido anunciado/ mas não ouvi/ porque estava aterrorizado/ quando Ele pegou o baralho e deu as cartas./ Enquanto Ele jogava Seus cinco ases/ e eu fiquei sentada ali, sorrindo amarelo para o meu *royal flush*,/ Ele começou a rir,/ o riso rolando como um aro para fora da Sua boca/ e para dentro da minha,/ e tal riso que Ele passava diretamente a mim/ rindo um Coro de Júbilo a nossos dois triunfos./ Então eu rio, a doca cheia de peixes ri/ o mar ri. A Ilha ri./ O Absurdo ri./ Meu mais querido *dealer*,/ Eu, com meu *royal straight flush*,/ Amo-O tanto por sua carta coringa,/ aquele riso que vem de dentro, indomável, eterno, ha, ha, ha/ e o amor afortunado. (*N. do T.*)

tudo porque Mrs. Winterson deve ter ficado confusa o bastante por nós duas.

Ela estava sempre se lamentando de que eu nunca ia me separar de meus shorts — mas quem foi a primeira a vesti-los em mim?

Eu me senti libertada por essa nova informação, mas não estava mais perto de encontrar minha mãe.

Eu tive sorte porque um amigo meu era dotado de uma mente críptica do tipo que adora palavras cruzadas, e ele ama computadores. Estava determinado a encontrar uma árvore genealógica para mim, e passou horas no site de ancestralidade procurando pistas. Apontou a mira para os genitores masculinos porque os homens não mudam de sobrenome.

Por fim, acertou um alvo direto: um tio meu. Usou o Registro Eleitoral para conseguir o endereço. Depois procurou o número do telefone. Passei três semanas ensaiando a ligação. Eu ia precisar de uma boa história para começar a conversa.

Certa manhã de sábado, o coração batendo como um pássaro agonizante, eu liguei. Um homem atendeu.

Eu disse: "Alô, você não me conhece, mas sua irmã e minha mãe foram muito amigas há algum tempo."

Bem, isso era verdade, não era?

"Qual irmã?", perguntou ele. "Ann ou Linda?"

"Ann."

"Ah, a Ann. Como era mesmo o nome da sua mãe? Você está querendo se encontrar com ela?"

Minha mãe estava viva.

Meus sentimentos, quando desliguei o telefone, eram uma mistura de júbilo e medo. Mrs. Winterson havia mentido. Minha mãe não estava morta. Mas isso significava que eu tinha uma mãe. E toda a minha identidade estava construída em torno de ser órfã — e filha única. No entanto, agora eu tinha um monte de tios e tias... e quem sabe quantos irmãos e irmãs?

Decidi escrever uma carta para Ann e mandá-la aos cuidados do tio.

Uma semana mais tarde, havia uma mensagem em meu telefone de um número não identificado. Estava dirigida a "Querida menina". Pensei que fosse de alguma dessas agências russas que oferecem serviço de acompanhantes e quase deletei. Uma colega de trabalho tivera seu computador roubado e, desde então, eu recebia mensagens loucas de belezas bálticas procurando maridos.

Susie agarrou o telefone. "E se for da Ann?"

"Claro que não é da Ann!" Eu a abri — o problema é que as mensagens das beldades bálticas começam com frases como "Não posso acreditar que seja você..." E esta também começava assim.

"Quer que eu ligue para o número dela?", perguntou Susie.

Sim. Não. Sim. Não. Sim. Não. Sim.

Susie foi para baixo com meu telefone, e eu fiz o que sempre faço quando me sinto oprimida — fui direto para a cama.

Susie voltou para o andar de cima e me encontrou roncando. Ela me acordou. "A ligação era da sua mãe."

E, alguns dias mais tarde, chegou uma carta com uma foto minha com três semanas de idade — e parecendo bastante preocupada, penso eu. Mas Susie diz que todos os bebês parecem preocupados — e quem pode nos culpar?

A carta diz que ela tinha 16 anos quando ficou grávida — meu pai tinha cabelo bem preto. E como ela cuidou de mim durante as primeiras seis semanas em uma casa para mães solteiras, antes de me dar em adoção. "Aquilo foi tão difícil. Eu não tinha dinheiro nem um lugar para onde ir."

Ela me diz que eu nunca fui um segredo, eu que pensava, por causa da Mrs. Winterson, que tudo tinha de ser secreto — livros e amantes, nomes reais, vidas reais.

E então ela escreveu: "Você sempre foi uma criança desejada."

Você entende isso, Jeanette? Você sempre foi uma criança desejada.

14

Estranho encontro

[...] minha mãe vem correndo pela rua atrás de mim. Olhe para ela, como um anjo, como um raio de luz, correndo com o carrinho de bebê. Levanto as mãos para agarrá-la, e a luz estava ali, a silhueta dela, mas, como anjos e luz, ela desvaneceu.

É ela ali, ao final da rua, menor e menor, como uma estrela anos luz distante?

Sempre acreditei que iria vê-la outra vez.

Deuses de pedra (Editora Record, 2012)

EU ESTAVA FALANDO com uma amiga, a diretora de cinema Beeban Kidron. Ela dirigiu *Oranges* para a televisão, e nos conhecemos há muito tempo. As duas fomos pessoas levianas e difíceis — uma com a outra e com muitas outras pessoas —, mas chegamos ambas a algum tipo de ajuste com a vida; não um acordo, um ajuste.

Estávamos rindo de Mrs. Winterson, de como ela era monstruosa e impossível, mas tão absolutamente certa para alguém como eu que, como ela, nunca teria aceitado uma vida em escala reduzida. Ela se voltava para dentro; eu me virava para fora.

"O que teria sido de você sem ela?", disse Beeban. "Sei que você era impossível, mas pelo menos fez alguma coisa com relação a isso. Imagine se você só tivesse sido impossível!"

É... eu tivera uma experiência inquietante em Manchester. Eu havia inaugurado uma exposição de mulheres surrealistas na Manchester Art Gallery, e mais tarde, naquela noite, eu estava com os patrocinadores em um bar.

Era um desses bares que tinham sido um depósito de entulho, mas a Manchester abastada, a cidade originalmente alquimista, estava transformando toda a sua escória em ouro. Por que armazenar sacos de lixo no porão se você pode banhá-lo de luz azul, mandar trazer uma pirâmide de banquinhos de pernas cromadas, cobrir as paredes com espelhos que distorcem e cobrar vinte libras por um vodka martini?

Um vodka martini muito especial, é claro, feito de vodka de batata que vem em uma garrafa azul fumê e misturado pessoalmente diante dos seus olhos por um barman com bons movimentos de mão.

Naquela noite, eu vestia um tailleur Armani riscas de giz, um colete rosa Jimmy Choo e, por razões que não posso abordar aqui, um spray bronzeador.

Subitamente, compreendi que, de toda forma, teria mesmo terminado naquele bar aquela noite. Se eu não tivesse descoberto os livros, se não tivesse transformado a minha esquisitice em poesia e a raiva em prosa, de qualquer modo nunca teria sido uma qualquer sem grana. Teria me valido da mágica de Manchester para fazer uma alquimia própria

Eu teria me dedicado à compra e venda de imóveis e feito fortuna. Já teria feito uma plástica nos seios e estaria no segundo ou no terceiro marido, vivendo em uma casa estilo rancheiro, com um Range Rover na entrada de cascalho e uma banheira de hidromassagem no jardim, e meus filhos não estariam falando comigo.

Eu ainda estaria usando o Armani e fazendo uso de bronzeamento artificial, bebendo diversos vodka martinis em diversos bares em porões azuis.

Sou o tipo de pessoa que prefere andar a esperar o ônibus. O tipo de pessoa que muda de caminho antes de ficar presa no engarrafamento. O tipo de pessoa que assume que o problema está ali para que eu o solucione. Não sou capaz de entrar em fila — prefiro desistir de qualquer coisa pela qual eu teria de entrar numa fila — e não aceito não como resposta. O que é um "não"? Ou você fez a pergunta errada ou perguntou à pessoa errada. Dê um jeito de ouvir um "sim".

"Você precisa chegar ao 'sim'", disse Beeban. "Algum tipo de sim para quem você foi, e isso significa ajustar o cenário. Não sei por que você precisa, depois desse tempo todo, mas você precisa."

Imagino que seja pelos caminhos que se bifurcam. Continuo vendo minha vida arremessada nas diferentes direções que poderia ter tomado, como resultado de acaso e circunstância, temperamento e desejo, aberto e fechado — portões, caminhos e estradas abertos e fechados.

E, no entanto, parece que é inevitável para quem sou — assim como, de todos os planetas em todos os universos, o planeta azul, esse planeta Terra, é aquele que é meu lar.

Creio que somente nos últimos anos voltei para casa. Sempre tentei fazer um lar para mim mesma, mas eu não me sentia em casa dentro de mim. Dei duro para ser a heroína da minha própria vida, mas todas as vezes que eu verificava o registro de pessoas deslocadas, ainda constava dele. Eu não sabia como fazer parte.

Saudades? Sim. Fazer parte? Não.

Ruth Rendell me ligou: "Acho que você deve acabar logo com isso. Agora que você sabe quem é a sua mãe, você precisa ir se encontrar com ela. Falou com ela pelo telefone?"

"Não".

"E por que ainda nem falou com ela?"

"Estou apavorada."

"Haveria algo errado com você se não estivesse apavorada!"

Confio na Ruth e (quase) sempre faço o que ela diz. Não era o estilo dela ligar para mim e me submeter a um interrogatório, mas ela teve a sensação de que eu estava fugindo daquilo. E estava mesmo. Eu havia passado um ano fazendo tudo para tornar aquele momento cada vez mais próximo, e agora estava tentando ganhar tempo.

"Que trem você vai pegar?"

"Está bem... Está bem."

Está bem. Apesar da neve e apesar da televisão nos dizer que devíamos todos ficar em casa, peguei um trem para Manchester. Resolvi passar a noite em um hotel e pegar um táxi para ir ao encontro de Ann na manhã seguinte.

Eu gostava daquele hotel e quase sempre ficava hospedada nele. Fiquei lá na noite anterior ao enterro do meu pai.

No dia seguinte, quando o caixão do meu pai foi levado para a igreja, desabei. Não havia estado naquela igreja fazia 35 anos e, de uma hora para outra, tudo estava ali presente outra vez; o antigo presente.

Quando me levantei para falar sobre papai, eu disse: "As coisas de que me arrependo na minha vida não se devem a erros de avaliação, mas a fracassos de sentimento."

Fiquei pensando sobre aquilo enquanto jantava em silêncio no meu quarto.

Ainda existe uma fantasia bastante comum, há muito refutada tanto pelos psicanalistas como pela ciência, e na qual nunca qualquer poeta ou místico acreditou, de que é possível ter um pensamento sem um sentimento. Não é.

Quando somos objetivos, também somos subjetivos. Quando somos neutros, estamos envolvidos. Quando dizemos "Eu penso", não deixamos nossas emoções do lado de fora. Dizer a alguém para não ser emocional é dizer-lhe que morra.

Meus próprios fracassos sentimentais eram consequência de eu me fechar ao sentimento quando ele se tornava muito doloroso. Lembro-me de assistir a *Toy Story 3* com meus afilhados e de chorar quando o urso abandonado, transformado em tirano do quarto de brinquedos, resume sua filosofia de sobrevivente: "Sem dono, sem coração partido."

Mas eu queria ser reivindicada.

Eu me construíra como o Cavaleiro Solitário, não como Lassie. O que eu precisava entender é que se pode ser uma solitária *e* querer ser reivindicada. Estamos de volta à complexidade da vida, que não é essa coisa ou aquela coisa — as tediosas e antigas oposições binárias —, são ambas, mantidas em equilíbrio. Tão simples de escrever. Tão difícil de fazer/ser.

E as pessoas que feri, os erros que cometi, o dano que causei a mim e aos outros não foram má avaliação: foi o lugar em que o amor se endureceu em perda.

Estou em um táxi saindo de Manchester. Levo flores. Tenho o endereço. Sinto-me muito mal. Susie me liga: "Onde você está?" *Não tenho ideia, Susie.* "Há quanto tempo você está no táxi?" *Quase cinquenta anos.*

Manchester é luxo ou lixo. Os galpões de fábricas e os grandes edifícios públicos se transformaram em hotéis e bares ou em apartamentos chiques. O centro de Manchester é barulhento, ofuscante, impertinente, bem-sucedido, ostentando seu dinheiro como sempre fez desde o momento em que se tornou o motor da Inglaterra.

Saia do centro, e as inconstantes fortunas de Manchester ficam evidentes. As decentes fileiras de casas sólidas foram removidas e substituídas por blocos de edifícios e ruas sem saída, complexos de shoppings e de casas de jogos eletrônicos. Pontas de estoque administradas por indianos parecem dar lucro, mas a maior parte das pequenas lojas está fechada com tábuas, perdidas em meio a estradas rápidas e hostis.

Aqui e ali, desamparado e ilhado, há um edifício de pedras com um letreiro: Instituto de Mecânica ou Sociedade Cooperativa. Ali, um viaduto, árvores de bétulas, um muro de pedra enegrecido; os restos dos restos. Um depósito de pneus, um supermercado gigante, um letreiro de oficina mecânica, uma casa de apostas, meninos de skate que nunca conheceram outro tipo de vida. Velhos com semblantes aturdidos. Como chegamos aqui?

Vem a mesma raiva que sinto quando volto à minha cidade natal, que fica a cinquenta quilômetros dali. Quem financia o vandalismo municipal e por quê? Por que pessoas decentes não podem viver em ambientes decentes? Por que tudo ali é asfalto e trilhos de metal, conjuntos habitacionais feios e hipermercados?

Amo o Norte industrial da Inglaterra e odeio o que aconteceu com ele.

Mas sei que tais pensamentos são o meu próprio modo de me distrair. O táxi está diminuindo a marcha. É isso aí, JW. Chegamos.

Quando desço do carro me sinto paralisada, desesperada, desesperadamente assustada e fisicamente doente. Susie sempre me diz para ficar no sentimento e não empurrá-lo para longe, por mais difícil que seja.

Tive um impulso histérico de cantar "Rejubilai-vos, Santos de Deus". Mas não, aquela era a outra infância, a outra mãe.

A porta se abre antes que eu bata nela. Aparece um homem que se parece comigo. Sei que tenho um meio-irmão. Deve ser ele. "Gary?", digo eu. "Oi, mana", diz Gary.

Então há um tumulto na cozinha e dois cachorrinhos aparecem pulando para cima e para baixo como ioiôs peludos e, do meio de um emaranhado de cordas de varal, que, em temperaturas abaixo de zero mostram um verdadeiro otimismo, aparece minha mãe.

Ela é pequena, olhos brilhantes, o sorriso aberto.

Fico muito satisfeita em vê-la. "Pensei que ia conseguir acabar de lavar a roupa antes que você chegasse", foram suas primeiras palavras.

É exatamente o que eu diria.

Ann sabe sobre a minha vida. Eu mandei para ela o DVD de *Oranges* como uma espécie de "Isso foi o que aconteceu enquanto você esteve fora." Ela acha triste o mundo dos Winterson, e a loucura excêntrica de minha outra mãe a incomoda. "Sinto muito ter deixado você. Eu não queria fazer isso, você sabe, não é? Mas eu não tinha dinheiro e nem para onde ir. E Pierre não ia criar a filha de outro homem."

Eu tinha pensado nisso... mas não disse nada, porque não seria justo com Gary que a meia-irmã recém-chegada começasse a falar mal de seu falecido pai.

Não quero que ela se chateie. "Não faz mal", respondi.

Mais tarde, quando contei para Susie, ela disse, quando conseguiu parar de rir, que aquela fora a resposta mais inadequada do mundo. "Não faz mal? Ponha-me no degrau da escada até que a caminhonete com a Tenda Evangélica apareça. Não faz mal!"

Mas é verdade... Não faz mal mesmo. E não a culpo. Acho que fez a única coisa que podia fazer. Eu era a mensagem na garrafa, lançada ao mar.

E sei, realmente sei, que Mrs. Winterson me deu o que podia dar também — foi um presente sombrio, mas não inútil.

Minha mãe é uma pessoa direta e gentil, o que me parece estranho. Uma mãe deveria ser labiríntica e vingativa. Eu estava preocupada com a declaração sobre minha namorada, porque Ann já me perguntara sobre marido e filhos. Mas a namorada deve ser declarada.

"Você quer dizer que não sai com homens?", pergunta ela.

E suponho que é o que aquilo significa.

"Não tenho problemas com isso", diz Ann.

"Nem eu", ecoa Gary.

Esperem um pouco... isso não é o que deveria acontecer... o que deveria acontecer é o que se segue.

Estou decidida a contar a Mrs. Winterson que estou apaixonada. Não moro mais na casa dela, mas queria que ela entendesse como são as coisas comigo. Logo irei para Oxford, e já passou tempo suficiente desde aquele momento feliz/normal. Isso é o que eu acho, mas estou aprendendo que o tempo não é confiável. Aqueles velhos ditados sobre "Dê tempo ao tempo" e "O tempo cura tudo" dependem do tempo de quem estamos falando. Como Mrs. Winterson vive no Fim dos Tempos, o tempo comum não significa muito para ela. Ela ainda está indignada com o berço errado.

Ela está polindo a bacia do carvão com Brasso.* Já poliu os patos que voam sobre a estante da lareira e o quebra-nozes em formato de crocodilo. Não faço ideia de como começar, assim abro minha boca e digo: "Acho que sempre vou amar as mulheres do jeito que amo..."

Naquele instante uma das varizes na parte de cima da perna dela estoura. Sobe até o teto como um gêiser e explode em um *splash* carmim. Pego o pano com o Brasso e

---

*Marca de antigo polidor de bronze. (*N. do T.*)

tento conter o fluxo... "Desculpe. Eu não queria chatear a senhora..." Então a perna dela entra em erupção outra vez.

Agora ela está deitada na poltrona, com a perna levantada, apoiada na bacia do carvão polida pela metade. Fica olhando para o teto. Não diz nada.

"Mamãe... a senhora está bem?"

"Nós tínhamos acabado de pintar o teto."

Como teria sido a minha vida se ela tivesse dito: "Ora, eu e seu pai não temos problemas com isso"?

Como teria sido minha vida se eu tivesse ficado com Ann? Teria tido uma namorada? E, se eu não tivesse tido de lutar por uma namorada, lutaria por mim mesma? Não acredito totalmente na teoria do gene gay. Talvez eu houvesse me casado, tido filhos e depois me tornado uma adepta do bronzeamento artificial etc.

Eu devo ter ficado em silêncio, pensando naquilo tudo.

Ann diz: "Mrs. Winterson era uma lésbica latente?"

Engasguei com o chá. Isso é como dizer "Dia de Queimar o Alcorão". Há coisas que você não deve sequer sugerir. Mas agora que tinha sido sugerido, fiquei oprimida pelo horrível pensamento. Estou bastante segura de que ela não era nada de modo latente — teria sido até melhor se algumas das tendências dela tivessem ficado latentes. Talvez ela fosse uma assassina latente, com aquele revólver na gaveta de limpeza... mas acho que tudo nela estava na superfície, apenas desesperadamente misturado. Ela era seu próprio Código Enigma, e eu e meu pai não éramos Bletchley Park.*

---

*O Enigma era um código secreto alemão da Segunda Guerra Mundial, que os ingleses conseguiram decifrar criando uma força-tarefa de decodificadores, que foi instalada em uma mansão chamada Bletchley Park. (*N. do T.*)

"Fiquei pensando", disse Ann, "no que ela quis dizer com 'Nunca deixe um rapaz tocar você lá embaixo.'"

"Ela não queria que eu ficasse grávida." Ah, meu Deus. Eu não podia ter falado aquilo, mas Mrs. Winterson era totalmente contrária à ilegitimidade, como se chamava então, e não sentia senão desprezo pela mulher que me dera minha chance na vida e, à Mrs. Winterson, sua chance comigo.

"Eu tive quatro maridos", diz Ann.

"Quatro?"

Ela sorri. Ela não se julga e não julga os outros. A vida é como é.

Meu pai, o mineiro em miniatura de Manchester, não foi um dos quatro.

"Você tem o aspecto físico dele, quadris estreitos, todos nós temos quadris largos. E você tem o cabelo dele. Ele era bem moreno. E muito bonito. Era um Teddy boy."

Preciso pensar bem nisso tudo. Minha mãe tivera quatro maridos. Minha outra mãe pode ter sido uma lésbica latente. Meu pai era um Teddy boy. É muita coisa para assimilar.

"Eu gosto de homens, mas não dependo deles. Posso fazer meu próprio conserto elétrico, meu próprio reboco e posso instalar uma prateleira. Não dependo de ninguém."

É, somos parecidas. O otimismo, a autoconfiança. A facilidade que ambas temos com nosso corpo. Eu costumava me perguntar por que sempre me senti bem com o meu corpo, por que sempre gostei do meu corpo. Olho para ela e parece uma herança.

Gary é bem-constituído, porém compacto. Adora caminhar. Acha que é normal caminhar 22 quilômetros em uma tarde de sábado. Também luta boxe. Ambos conservam seu orgulho de classe trabalhadora no que são e no que podem fazer. Dá para ver que gostam um do outro. Eles falam. Eu escuto. Será que teria sido assim comigo também?

Ann precisou trabalhar o tempo todo, porque Pierre a abandonou quando os meninos eram pequenos. Imagino que eu teria tido de cuidar dos meus irmãos. E não teria gostado disso.

Lembro o que ela escreveu no formulário de adoção. *Melhor que a Janet tenha uma mãe e um pai.*

Mas os filhos dela não tiveram um pai em casa por muito tempo. Tampouco ela teve. O pai dela morreu nos anos 1950.

"Éramos dez", disse Ann. "Como é que cabíamos em dois quartos? E estávamos sempre nos mudando em segredo, quando não podíamos pagar o aluguel. Meu pai tinha um carrinho de mão, um burro sem rabo. Ele aparecia com o carrinho e gritava: 'Façam as malas, estamos indo embora' e o que tínhamos ia para o carrinho e começávamos tudo outra vez em outro lugar. Havia muitos lugares baratos para alugar naqueles dias."

Minha avó materna teve dez filhos, dois morreram na infância, ainda restam quatro. Ela trabalhou a vida inteira, e quando não estava trabalhando, era campeã de dança de salão.

"E viveu até os 97 anos", disse Ann.

Vou ao banheiro. Toda a minha vida fui órfã e filha única. Agora descubro que venho de uma família grande e barulhenta que vai a bailes de dança de salão e vive para sempre.

Chega Linda, a irmã caçula de Ann. Tecnicamente ela é minha tia, mas tem a mesma idade que a minha namorada, e é grotesco adquirir tias nessa altura da vida.

"Todos querem conhecê-la", diz Linda. "Eu vi *Oranges* pela televisão, mas não sabia que era você. Minha filha encomendou todos os seus livros."

É uma atitude que revela interesse. Todos precisamos fazer ajustes.

Gosto de Linda, que vive na Espanha, onde dirige grupos de mulheres e ensina dança, entre outras coisas. "Eu sou a mais tranquila", diz ela. "Você não consegue dizer uma palavra quando a família está reunida."

"A gente devia fazer uma festa", sugere Ann. E então, numa transição imediata, quase ao estilo de Mrs. W, diz: "Toda manhã eu me levanto e me pergunto 'Por que estou aqui?'"

Ela não quer dizer "Ah, não! Ainda estou aqui" — não é como Mrs. W. Ela realmente quer que a pergunta seja respondida.

"Deve haver um significado, mas não o conhecemos", diz Gary. "Estou sempre lendo sobre o cosmos."

Linda andou lendo *O livro tibetano dos mortos* e o recomenda a Gary.

Esse é o jeito da velha classe trabalhadora de Manchester: pensar, ler, ponderar. Poderíamos estar de volta ao Instituto de Mecânica, de volta às Palestras de Extensão para Trabalhadores, de volta à sala de leitura da Biblioteca Pública. Sinto orgulho — deles, de mim, do nosso passado, da nossa herança. E me sinto muito triste. Eu não devia ter sido a única a ter tido estudo. Todos nessa sala são inteligentes. Todos nessa sala estão pensando sobre as grandes questões. Tentem dizer isso aos educadores do ensino profissionalizante.

Também não sei por que estamos aqui, mas, qualquer que seja a resposta, fico com as palavras de Engels, em 1844.* Não estamos aqui para sermos considerados "apenas como objetos úteis".

É fácil ficar conversando com eles. Cinco horas passam muito rápido. Mas tenho de ir embora. Tenho de voltar para Londres. Susie vai se encontrar comigo. Fico de pé para me despedir. As pernas tremem. Estou exausta.

Ann me abraça. "Quantas vezes pensei se você tentaria me encontrar. E esperava que sim. Eu queria encontrar você, mas não me parecia certo tentar."

Não sou capaz de dizer o que quero dizer. Não consigo pensar direito. Mal percebo a volta de táxi até a estação de trem. Compro um pouco de comida para mim e para Susie, porque ela esteve trabalhando o dia inteiro, e compro para mim meia garrafa de vinho tinto. Tento telefonar para Susie, mas não consigo falar. "Leia o jornal. Fique calma. Você está em estado de choque."

Há uma mensagem de Ann no meu celular. *Espero que você não tenha se decepcionado.*

---

*Citação do livro de Engels *A situação da classe trabalhadora na Inglaterra.* (N. do T.)

15

A ferida

MINHA MÃE PRECISOU amputar uma parte de si mesma para me deixar ir. Eu tenho sentido a ferida desde então.

Mrs. Winterson era uma mistura de verdade e fraude, que inventou várias mães ruins para mim: mulheres perdidas, viciadas em drogas, bêbadas, caçadoras de homens. A outra mãe teve muito o que aguentar, mas eu aguentei por ela, querendo defendê-la e sentindo-me envergonhada, tudo ao mesmo tempo.

A parte mais difícil era não saber.

Sempre me interessei por histórias de disfarces e identidades trocadas, de dar nomes e de descobrir fatos. Como você é reconhecida? Como você se reconhece?

Na *Odisseia*, Ulisses, apesar de todas as suas aventuras e de vagar por lugares longínquos, sempre é chamado a "lembrar-se do retorno". A jornada é sobre a volta ao lar.

Quando retorna a Ítaca, a cidade está em alvoroço, com pretendentes descontrolados à mão de sua muito oprimida esposa. Duas coisas acontecem: seu cachorro fareja seu cheiro e sua mulher reconhece uma cicatriz que ele tem na coxa.

Ela sente a ferida.

Há tantas histórias de feridas:

Quíron, o centauro, meio-homem, meio-cavalo, é atingido por uma flecha envenenada molhada no sangue da Hidra de Lerna e, como é imortal, viverá para sempre em agonia. Mas ele usa a dor da ferida para curar os outros. A ferida torna-se seu próprio bálsamo.

Prometeu, que roubou o fogo dos deuses, é punido com uma ferida diária: toda manhã uma águia bica o seu flanco e arranca o seu fígado; todas as noites a ferida cicatriza, só para ser feita de novo no dia seguinte. Penso em Prometeu, queimado pelo sol nas montanhas do Cáucaso onde está acorrentado, com a pele do ventre tão frágil e pálida como a de uma criancinha.

Tomé, o discípulo que duvida, deve colocar a mão na chaga feita pela lança em Jesus, antes de aceitar que Jesus seja quem diz que é.

Gulliver, ao encerrar suas viagens, é ferido por uma flecha na parte de trás do joelho, quando deixa o país dos Houyhnhnms — cavalos gentis e inteligentes, bastante superiores à humanidade.

Quando volta para casa, Gulliver prefere ir morar no seu próprio estábulo, e a ferida atrás do joelho nunca cicatriza. É a lembrança de outra vida.

Uma das feridas mais misteriosas é a que aparece na história do rei Pescador. O rei é o guardião do Graal, que o mantém vivo, mas traz uma ferida que não cicatriza, e até que o rei se cure o reino não poderá ser unido. Em algum momento, Sir Galahad aparece e estende suas mãos sobre o rei. Em outras versões, é Sir Percival.

A ferida é simbólica e não pode ser reduzida a uma única interpretação. Mas as feridas parecem ser uma chave, ou dar uma pista, para a nossa condição humana. Nela há valor, bem como agonia.

O que notamos nas histórias é a proximidade da ferida com a dádiva: aquele que é ferido é marcado — literária e simbolicamente — pela ferida. A ferida é um sinal de distinção. Até Harry Potter tem uma cicatriz.

Freud colonizou o mito de Édipo e o recriou como o filho que mata o pai e deseja a mãe. Mas Édipo é uma história de adoção e também uma história de ferida. Édipo teve seus tornozelos perfurados pela mãe, Jocasta, antes de ser abandonado, para que não pudesse se arrastar para longe. Ele é resgatado e regressa para matar o pai e casar com a mãe, sem ser reconhecido por ninguém, exceto pelo profeta cego Tirésias — é o caso de uma ferida que reconhece outra.

Não se pode renegar o que é seu. Quando se vai longe, há sempre o retorno, o reconhecimento, a vingança, talvez a reconciliação.

Sempre existe o retorno. E a ferida o levará até ele. É uma trilha de sangue.

Quando o táxi para na frente de casa, começa a nevar. Na época em que eu estava ficando louca, tive um sonho no qual estava deitada, de bruços, sobre uma fina camada de gelo; debaixo de mim, mão com mão, boca com boca, havia outro eu, preso no gelo.

Quero quebrar o gelo, mas com isso não serei apunhalada?

Presa na neve, eu podia estar presa em qualquer ponto na linha do meu passado. Eu estava obrigada a chegar até aqui.

O nascimento é uma ferida muito peculiar. O sangramento mensal das mulheres costumava ter um significado mágico. A ruptura do bebê para o mundo rasga o corpo da mãe e abandona o minúsculo crânio da criança ainda mole e aberto. A criança é uma cura e um corte. O lugar de achados e perdidos.

Está nevando. Aqui estou. Perdida e achada.

O que está diante de mim agora, como um estranho que penso reconhecer, é o amor. O regresso, ou melhor, o regressar, chamado de "perda perdida". Não pude quebrar o gelo que me separava de mim mesma, só pude deixar que derretesse, e isso significou perder todo ponto de apoio firme, todo sentido de chão. Significou uma fusão caótica com o que parecia loucura total.

Toda a minha vida eu trabalhei a partir da ferida. Curá-la significaria o fim de uma identidade — a identidade definidora. Mas a ferida curada não desaparece: sempre haverá a cicatriz. Sempre serei reconhecida pela minha cicatriz.

E também o será a minha mãe, que também tem uma ferida, que foi obrigada a erigir a vida em torno de uma escolha que não queria fazer. E agora? Daqui em diante, como nos conheceremos? Somos mãe e filha? O que somos?

Mrs. Winterson era gloriosamente ferida; como uma mártir medieval, perfurada e gotejando sangue por Jesus, ela arrastava sua cruz para que todos vissem. Sofrer era o significado da vida. Se você perguntasse "Por que estamos aqui?", ela responderia: "Para sofrer."

Afinal de contas, no Final dos Tempos, essa existência vestibular da vida na Terra só pode ser uma sucessão de perdas.

Mas minha outra mãe me havia perdido, e eu a perdera, e nossa outra vida era como uma concha encontrada na praia, que guarda o eco do mar em seu interior.

Quem foi, então, aquela figura que entrara pelo jardim havia tantos anos, lançando Mrs. Winterson na raiva e na dor, e que me projetou voando pelo corredor, de volta à outra vida?

Suponho que pode ter sido a mãe de Paul, o invisível e santificado Paul. Suponho que eu poderia ter imaginado tudo aquilo. Mas não é o que sinto. Seja lá o que aconteceu naquela tarde violenta, tinha ligação com a certidão de nascimento que eu encontrei, que afinal não era a minha, e com a abertura da tal caixa, anos e anos mais tarde — seu próprio tipo de destino —, onde encontrei os pedaços de papel riscados que me disseram que eu tinha outro nome.

Eu havia aprendido a ler nas entrelinhas. Havia aprendido a ver por trás da imagem.

Lá atrás, naqueles dias do "mundo Winterson", tínhamos um conjunto de aquarelas vitorianas pendurado nas paredes de casa. Mrs. W as tinha herdado de sua mãe e queria exibi-las como lembrança de família. Mas ela era totalmente contra "imagens gravadas" (Ver Êxodo, Levítico, Deuteronômio etc.), de modo que desatou esse nó górdio pendurando-as ao contrário. Tudo que podíamos ver era papel marrom, fita, tachinhas de metal e barbante. Essa era a versão da vida de Mrs. Winterson.

"Eu encomendei o seu livro na livraria", disse Ann, "antes mesmo que você os mandasse para mim, e disse à livreira: 'É a minha filha.' 'O quê?', indagou ela. 'É para sua filha?' 'Não! Jeanette Winterson é minha filha.' Eu me senti tão orgulhosa."

Cabine telefônica, 1985. Mrs. Winterson com seu lenço na cabeça, e com raiva.

Cling, cling — *mais moedas na ranhura do telefone* — e fico pensando: "Por que ela não está orgulhosa de mim?"

Cling, cling — *mais moedas na ranhura do telefone.* "*Foi a primeira vez na vida que fui obrigada a encomendar um livro sob um nome falso.*"

Finais felizes são apenas uma pausa. Há três tipos de grandes finais: vingança, tragédia, perdão. Vingança e tragédia quase sempre acontecem juntas. O perdão redime o passado. Perdoar desbloqueia o futuro.

Minha mãe tentou me lançar longe do seu próprio naufrágio, e fui cair em um lugar tão improvável como qualquer outro que ela tivesse imaginado para mim.

Ali estou, abandonando o corpo dela, abandonando a única coisa que conheço e repetindo o abandono outra vez, e ainda outra, até que seja meu próprio corpo que eu esteja tentando abandonar, a última fuga que eu possa fazer. Mas houve perdão.

Aqui estou.

Sem mais partidas.

Em casa.

Coda

QUANDO COMECEI ESTE LIVRO não tinha ideia de como ele ia ficar. Eu estava escrevendo em tempo real. Escrevendo o passado e descobrindo o futuro.

Eu não sabia como ia me sentir ao encontrar minha mãe. E ainda não sei. Sei que os reencontros ao estilo da televisão e as névoas cor-de-rosa de felicidade são mentira. Precisamos de roteiros melhores para as histórias de adoção.

Muitas pessoas que encontram suas famílias biológicas ficam decepcionadas. Muitas lamentam tê-lo feito. Muitas outras nem sequer procuram porque têm medo do que possam encontrar. Têm medo do que possam sentir — ou, pior, do que possam não sentir.

Tive outro encontro com Ann, em Manchester; só nós duas, para um almoço. Fiquei contente de vê-la. Ela tem o meu andar rápido e cuida de si como faz um cão: esperta, alerta e vigilante. Também sou assim.

Contou-me um pouco mais sobre meu pai. Ele queria ficar comigo. Ela disse: "Eu não ia deixar que ele cuidasse de você. Éramos pobres, mas tínhamos pisos de madeira."

Gostei daquilo e me fez rir.

Depois contou que trabalhava na época em uma fábrica perto dali. Chamava-se Raffles, administrada por judeus, e fazia capas e sobretudos para a Marks & Spencer. "Naqueles dias tudo era feito na Inglaterra, e qualidade era uma coisa que fazia diferença."

Todo mundo, ela me diz, pobre ou não, com bons pisos de assoalho ou não, tinha roupas feitas sob medida, porque havia muitas lojas de costura e os tecidos eram baratos. Manchester ainda era o Reino dos Tecidos.

Seu chefe, o velho Raffles, descobriu para ela uma casa que acolhia mães solteiras e lhe prometeu emprego quando ela saísse de lá.

Acho essa história muito curiosa, porque sempre me senti em casa entre os judeus e tenho muitos amigos judeus.

"Quando você tinha apenas três semanas, trouxe você a Manchester para lhe mostrar a cidade e tirar uma fotografia. Foi a foto que mandei para você."

Sim, o bebê com a cara de "oh, por favor, não faça isso".

Eu não me lembro, mas na verdade nós nos lembramos de tudo.

Há muitas coisas de que Ann não se lembra mais. A perda de memória é uma maneira de lidar com o sofrimento. No meu caso, é o sono. Se estou chateada, consigo adormecer em segundos. Devo ter aprendido isso sozinha, como uma estratégia de sobrevivência a Mrs. Winterson. Sei que dormia na soleira da porta e no depósito de carvão. Ann diz que nunca foi de dormir bem.

Ao fim do almoço, estou pronta para ir embora, ou cairei adormecida ali mesmo, sobre a mesa. Não de tédio. No trem, logo caio dura e durmo. Isso quer dizer que há muita coisa acontecendo que ainda não compreendo.

Acho que Ann me acha difícil de ler.

Acho que ela gostaria que eu a deixasse ser minha mãe. Acho que gostaria que eu mantivesse contato regular com ela. Mas, seja o que for, a adoção não é uma família instantânea — nem com os pais adotivos, nem com os pais redescobertos.

E eu cresci como naqueles romances de Dickens, em que as famílias reais são as fingidas, e as pessoas se tornam sua família graças a profundos laços de afeição e à continuidade do tempo.

Ann me olha bem de perto quando nos separamos.

Sou emotiva, mas cautelosa.

O que está me fazendo ser cautelosa? De que estou me preservando? Não sei.

Existe um grande abismo entre as nossas vidas. Ela está contrariada com o mundo-Winterson. Ela se culpa e culpa Mrs. Winterson. No entanto, eu preferia ser este eu — o eu que me tornei — do que o eu que poderia ter sido sem livros, sem educação e sem todas as coisas que me aconteceram ao longo do caminho, inclusive Mrs. Winterson. Acho que até tive sorte.

Como você diz isso sem descartar ou sem desvalorizar as coisas para ela?

E não sei o que sinto por Ann. Entro em pânico quando meus sentimentos não estão claros. É como olhar para um pequeno lago turvo. Em vez de ficar esperando que um ecossistema se desenvolva para clarear a água, prefiro drenar o lago imediatamente.

E não se trata de uma divisão cabeça/coração ou pensamento/sentimento, mas de uma matriz emocional. É fácil para mim fazer malabarismos com ideias e realidades diferentes e opostas. Mas odeio sentir mais de uma coisa ao mesmo tempo.

A adoção é tantas coisas ao mesmo tempo. E é tudo e é nada. Ann é minha mãe. Também é alguém que não conheço.

Estou tentando evitar o maldito par binário: "isso significa muito para mim/isso não significa nada para mim." Estou tentando respeitar minha própria complexidade. Tive de conhecer a história de meus começos, mas tenho de aceitar que esta é também uma versão. É uma história verdadeira, mas ainda assim é uma versão.

Sei que Ann e Linda querem me incluir na família delas: essa é a sua generosidade. Eu não quero ser incluída, e não porque seja cabeça-dura. Fico muito contente de saber que Ann sobreviveu e gosto de pensar nela rodeada pelos seus. Mas não quero estar lá em meio a eles. Não é isso que importa para mim. E não sinto conexão biológica. Não sinto: "Ó, esta é a minha mãe."

Li um monte de relatos avassaladoramente emocionais sobre reencontros. Nada disso é a minha experiência. Só posso dizer que estou satisfeita — essa é a palavra certa — de que minha mãe esteja a salvo.

Não posso ser a filha que ela quer.

Não pude ser a filha que Mrs. Winterson queria.

Meus amigos que não são adotados me dizem para não me preocupar. Eles também não sentem que foram "certos".

Estou interessada em natureza/cultura. Descubro que detesto quando Ann critica Mrs. Winterson. Ela era um monstro, mas era o meu monstro.

Ann veio a Londres, o que foi um erro. Nosso terceiro encontro e já estamos brigando. Estou gritando com ela: "Pelo menos Mrs. Winterson estava lá. Onde você estava?"

Não a culpo e acho até bom que ela tenha feito a escolha que fez. Obviamente também fico furiosa com isso.

Tenho de unir essas coisas e senti-las ambas/todas.

Quando era garota, Ann não recebeu muito amor.

"Mamãe não tinha tempo para ser amorosa. Ela nos amou nos dando comida e roupa."

Quando a mãe dela já estava muito velha, Ann juntou coragem para perguntar "Mamãe, a senhora me amou?" E a mãe foi muito direta: "Sim. Eu te amo. E não me pergunte outra vez."

Amor. A palavra difícil. Com a qual tudo começa, para a qual sempre regressamos. Amor. Falta de amor. A possibilidade de amar.

Não tenho a menor ideia do que acontece a seguir.

Este livro foi composto na tipologia
Berling LT Std, em corpo 11/15 e impresso
em papel off-white no Sistema Cameron da
Divisão Gráfica da Distribuidora Record.